疲れないための介護

制度を知り、
疲れないコツを
知ることで
家族みんなが笑顔で
暮らすために

鈴木篤史

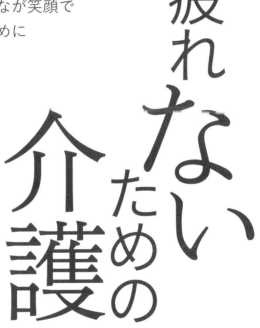

はじめに

本書を手にとっていただき、ありがとうございます。

現在、私は都内でケアマネジャーとして働いてます。

ご存知の方も多いかと思いますが、ケアマネジャー（介護支援専門員）は、介護を必要とする方が介護保険サービスを受けられるように、ケアプラン（サービス計画書）の作成やサービス事業者との調整を行う、介護保険に関するスペシャリストです。

私はケアマネとして働きながら色々な介護の現場を経験させていただき、多くのご家族、ご家庭に関わらせていただきました。そして、介護疲れで苦しむ方や、悩まれる方を大勢見てきました。

親の介護で悩み、自分で介護をするために離職をされる方。介護現場での人間関係のこじれから転職をされる方。膨大な書類作成や対応に追われ残業を行いプライベートの時間を犠牲にする方も大勢いらっしゃいます。

介護疲れは介護に携わる人にとっては誰にでも起こりえることです。いたって普通のことです。

しかし疲れの原因を根本的に理解することで、疲れの原因そのものの問題解決をしようとしている人はほとんどいません。

皆さんは疲れの原因から目を背け、「しょうがないよ」と諦めてはいないでしょうか。なぜ自分は疲れるのか。疲れには必ず原因や根拠があります。

本書では疲れの原因や根拠を分析し、疲れないための介護についてわかりやすく説明していきたいとおもいます。

疲れない方法は必ずあります。介護が原因の離職を防ぎ、介護現場のこじれた人間関係を修復し、自分の時間を犠牲にしない。こんな生活が確実に存在します。

本書が疲れから解放されるきっかけとなり、皆さんの生活が豊かになり福祉の発展につながることを祈っています。

目次

第1章

介護疲れとは

どこからが介護疲れ？　介護疲れの実際

そもそも疲れとは何なのか

そもそも、皆さんにとっての疲れとはどんなイメージでしょうか？

肉体的な疲れと精神的な疲れをイメージされる方が多いのではないでしょうか。

疲れ・疲労※1とは、心身に過度な負荷がかかっている状態です。現代の日本では、7割〜8割もの人が疲労を感じています。※2

※1日本疲労学会では、「疲労とは過度の肉体的および精神的活動、または疾病によって生じた独特の不快感と休養の願望を伴う身体の活動能力の減退状態である」1）と定義されています。

疲れの原因は何か

疲れの代表的なものには肉体的な疲れや精神的な疲れがあります。

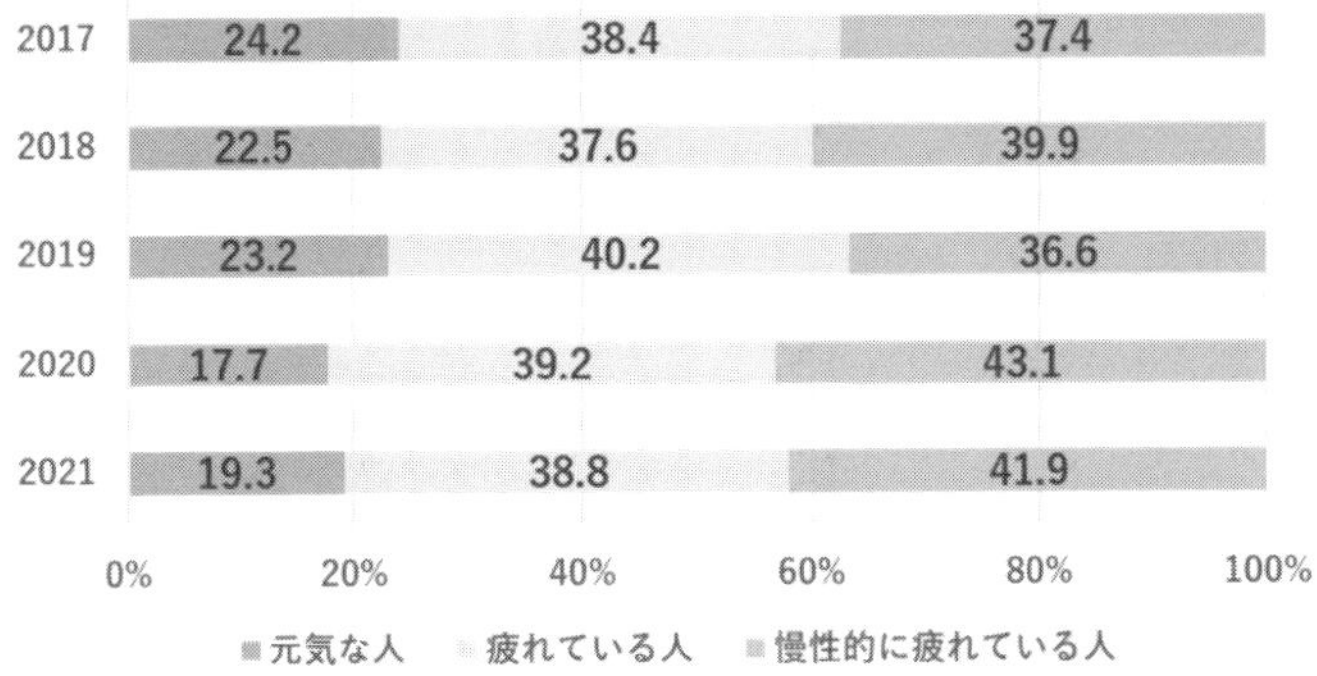

肉体的な疲れの代表例

〈過重労働〉

過重労働とは、不規則な勤務や頻繁な出張、労使協定で定めた時間外労働を大幅に超える状態をいいます。いわゆるオーバーワークです。オンラインの活用が進み、現在では多くの人がどこにいても仕事ができるようになりました。

会社にいなくても、連絡を簡単にとることができるため、効率化は図れるものの、会社以外でも仕事をするということからどうしても時間外の業務が発生してしまいます。

早朝・深夜や休日にも連絡がきて対応に追われることもあります。

精神的な疲れの代表例

〈ストレス〉

人間関係が原因でストレスを感じる人は多いものです。

ほとんどの職種では、人間関係なくして仕事をするのは難しいものです。

人と人ですから当然、相性であったり、どうしても好きになれなかったりすることは誰でもあります。

理由はたくさんありますが人間関係で悩んだことのある人は多いとおもいます。

またオンラインの活用が進んだことで対面する時間が減ったことにより、相手の気持ちが分かりにくい状況が発生します。メールやチャットで短い文章で連絡を行うため、気持ちが伝わらなかったりします。このような状況からコミュニケーションが不足している現代において人間関係の悩みは大きな問題です。

疲れが身体に及ぼす影響

人は疲れてくると、動作が緩慢になり、行動量も減少します。

「もう動けない」なんてのがいい例ではないでしょうか。

また、疲れがたまると注意力がなくなり、刺激に対する反応も鈍くなります。

5感（視覚・聴覚・味覚・嗅覚・触覚）に対する刺激では文章を上手く読み取れなかったり、耳鳴りがしたり、食事などが好きなもの意外受けつけなかったり、匂いを感じにくかったり、誰かとぶつかったことにも気がつかなかったりします。

その他にも疲れがたまると頭痛、肩こり、腰痛など身体にも影響がでます。

健康診断などで「異常なし」といわれても慢性的に「疲れやすい」と感じる人は大勢います。

そうなると、最近疲れやすくなった、だるい、仕事で集中力がなくなった、頑張りがきかなくなった、以前ほどの量の書類作成ができなくなった等々。これらの症状が6ヵ月以上続き、日常生活に支障が出る場合は、慢性疲労症候群と呼ばれることもあります。

慢性疲労症候群の症状

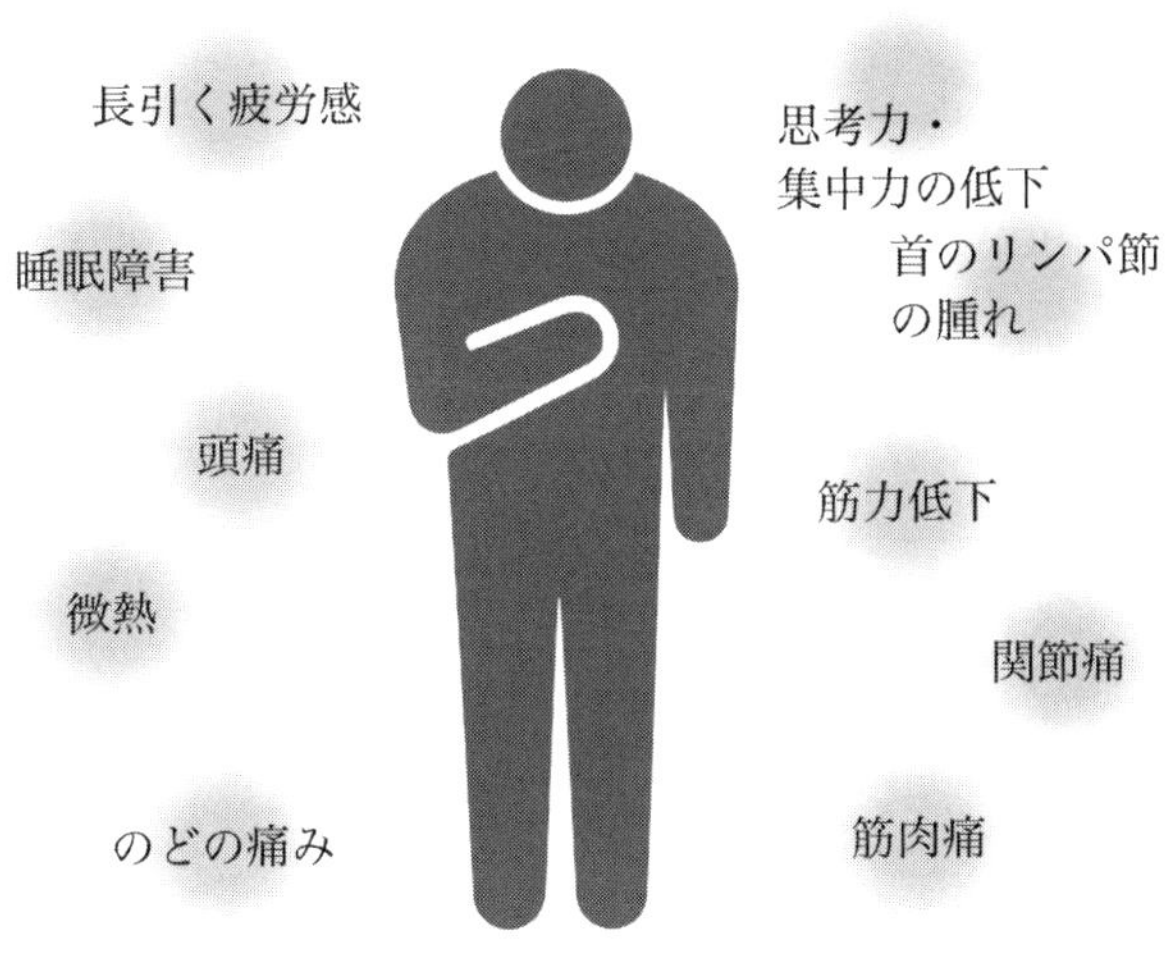

また精神的な疲れが続くと脳が疲れうつ状態になることもあります。普段慣れている仕事をしても疲れるのに、コロナ以降、多くの働く環境に変化がありました。

対応方法が急激に変化し今までの普通が普通じゃなくなり、やり方を変えたり、臨機応変な対応が求められるようになりました。

慣れないことをやるというのは疲れますよね。

介護疲れの実際

介護疲れとは、介護を行うことにより肉体的・精神的負担を抱え、疲労することです。

家族介護では、突然介護が必要になるケースもあり、はじめての慣れない介護で精神的・肉体的負担にもつながります。

介護疲れが溜まると普通にできていたことが次第にできなくなります。周囲の人からはそんな簡単なこともできないのとおもうようなことでも案外できないものです。

そもそも普段からお仕事をしている人たちは、それだけでめいいっぱいな人もいます。そこに親の介護が突然現れたら、誰だってできていたことができなくなるものです。

私が出会った介護職員やご家族では介護疲れが溜まると食べる気力も失せ、食欲不振になったり、上手く眠れずに睡眠障害になったり、集中力が低下したり、物事の思考や判断力が低下されることが多くみられました。

そうなると、なかなかポジティブに物事をとらえられずに、ネガティブにとらえてしまったりするようになります。

介護離職・転職

また介護疲れから介護離職・転職される方も多くみられました。

介護離職とは介護を理由に仕事を退職することです。現役世代では家族が介護を必要とされ転職される方もいます。

総務省「就業構造基本調査」によると、介護離職者数は２０１７年で９万９０００人とされています。

家族の介護が必要になった場合に仕事と介護の両立が必要になり、人によっては子育ても必要になります。

しかし、誰もが器用になんでもできるわけではなく、両立が困難になり、仕事を退職する方、好きだった仕事を転職される方は少なくありません。

仕事を退職・転職したことで収入が減り、経済的にも苦しくなり問題を抱える人は大勢います。

一般的な疲れと介護疲れの違い

ここまで疲れやすい現状についてふれてきました。一般的な疲れと介護の疲れはどのような点に違いがあるのか説明していきたいとおもいます。

一般的な疲れ

「疲れたああああ！」とおもわず叫びたくなるときはどんなときでしょか？

激しい運動だけでなく、久しぶりにウォーキングをしたりするだけでも疲れますよね。しかも運動や仕事による肉体的疲労は誰にでもおこることです。

学生では遊び疲れ、試験前の勉強による疲れ、受験などの精神的な疲れなどがあります。大人になると学生の気持ちを忘れがちですが、学生時代は先輩後輩に非常に敏感で大人よりも縦社会に気を使ったりするものです。

社会人では仕事・残業などで働きすぎによる疲れもあります。残業が続けば睡眠時間は減少され、睡眠不足が続くと当然のように疲れもたまります。

またコミュニケーションの一環で、お酒を飲みにいったり、接待をしたりとお酒による疲れもみられます。お酒の楽しい席ではついつい羽目を外して飲みすぎてしまったり、緊張する席では気を使いすぎてストレスを感じて疲れてしまったりします。

加齢や飲みすぎに伴い肝臓が衰えると、アルコールの分解・代謝力が低下し、翌日までアルコールが体内に残ったりしてしまうこともあります。また世代別にみれば、「若いうちは疲れにくかったのに」など、加齢による代謝の低下・体力の低下からなかなか疲れがとれないなんてこともありますよね。立ち仕事だけでなく座り仕事でも、年齢的な疲れを感じます。

例えばデスクワークなど椅子に座りながら長時間同じ姿勢でいれば身体に負担がかかり、疲れや眠気、体の不調の原因となっているのが分かります。集中力がなくなるなんて良く耳にする話です。

私もオンライン研修に数多く参加させていただきますが、参加者の中には眠気に負けそうになる方もいて、長時間同じ姿勢でいると集中力が続かないというのは良くわかるものです。

人間関係などのストレスによる精神的な疲れもイメージしやすいかとおもいます。人間関係はいつの時代もやっかいなものですよね。仕事をしていれば疲労感の蓄積など精神的な緊張やプレッシャーがかかる場面は多いです。

慣れない環境下で働くことは案外ストレスにつながります。コロナ以降テレワークが普及され、通勤時間減少などメリットもありますが、ご自分の自宅環境が誰もが働きやすい環境、適した環境とは言えず、家族の目や隣近所を気にしたりされることもあります。

疲れは疲れるほど、たまればたまるほど、回復するのに時間がかかります。

肉体的な疲れはその日のうちに解消したい。精神的な疲労はしっかりと気分転換したい。とおもう人が多いと言えます。しっかりと疲れを疲れとしてとらえ、向き合っていくことが日常生活では大切になってきます。

一般的な疲れに対する対策を解説

肉体的な疲れはその日のうちに解消したい、精神的な疲れはしっかりと気分転換したいとおもいますがその対策をいくつか紹介いたします。

睡眠

当たり前ですが疲れを感じたら、充分な睡眠時間をとることが大切です。

睡眠は、体や脳の疲れをとるのに最も有効な手段です。残業が続いたり、ストレスで睡眠不足が続くと疲れが蓄積してしまうので、ゆっくりと質のよい睡眠をとりたいものですね。

気分転換

疲れを感じたら自分の好きなことを思う存分楽しみ、気分転換することも大切です。

そのためには自分自身が好きなことをしっかり把握することが大事ですよね。社会に出てから「趣味がないんです」という方とよくお会いしました。自分が何をしたら自分の気持ちに変化があるのか、把握することも必要です。

リフレッシュの方法としては汗をかくジョギング、ウォーキング、山登り、筋トレなどや、家でまったり映画鑑賞したり、お酒を飲みながら友人と過ごしたり、色々な方法があるので自分に適した方法を試すことが大事です。

食事

ストレスがたまったら暴飲暴食なんてよく耳にします。ついつい。うっかり食べ過ぎてしまった。なんてことはよくあるとおもいます。でも偏った食事や栄養バランスは、かえって疲れを長引かせてしまうことにつながりかねません。

なにかをしているとついつい夢中になって食べることも忘れ、没頭してしまうことありますよね。栄養バランスの良い食事を規則正しく、ある程度決まった時間にとることで疲れをケアします。また自分の好きなものをとることも大事ですよね。

摂りすぎはよくないですが、とくに、甘いものは脳をリラックスさせ、疲れをとるのにも役立ちます。

介護疲れについて

ここまで一般的な疲れを紹介し対策について説明しましたが、どれも当たり前のことのように誰もが経験したことのあるものです。その当たり前の疲れにプラスする形で介護疲れはのしかかってきます。

ケアマネをしていると介護を利用する人、家族、提供する人からも介護疲れについて相談を多く受けます。

一般的な疲れと介護疲れの大きな違いは、介護は24時間３６５日で終わりが見えないという点です。

例えば在宅で介護している家族では、

早朝に要介護者の排泄介助や着替えから始まり、食事の準備・介助を行う。

食後には忘れずに薬を飲んでもらい、洗面を済ませ、デイサービスに送り出しを行う。

そこから自分の会社に出勤し、仕事をし、帰宅。

帰宅後も早朝と同じ一連の流れを行い、一息つく頃にはもう夜中だったりすることはしばしば。

自分の食事をし、お風呂に入り、就寝する。すると夜中に大きな声で呼ばれ、水が欲しいや、おむつを変えてほしいなど、本人の要望に応える。

結局ゆっくり寝れたのは2時間くらいなんてこともある。

休まる時間もないまま、気がつけば朝を迎える。

それでもデイサービスのある平日のほうが楽なこともある。

休日はゆっくりできるかと思えば、土日はデイサービスに行かなければ、その分お昼にも先ほどの工程が追加される。


これはほんの一事例ではありますが、このようなことは稀ではないというのが現実です。よくある話です。このような背景から介護疲れを感じる人が多いのが現実です。

次に苦情の内容で多いものを紹介させていただきます。

介護を利用する人からは

・あの人と相性がよくない
・家族に迷惑をかけたくない
・書類や契約書にサインばかりさせられる
・急に頼んだら悪い
・誰に電話したらいいのかわからない
・対応がよくない

家族からは

・人に来てもらうのは気をつかう
・親の介護が大変
・介護保険の仕組みがわからない
・困ったときに依頼しにくい
・忙しいのに電話したら悪い気がする
・対応に不満がある

介護を提供する人からは
・利用者だけでなく職員同士の人間関係
・家族対応が多い
・報告書や記録等、書類が終わらない
・急な依頼や相談を受ける
・電話対応が多い
・苦情対応

苦情をあげだしたらきりがないというのが正直なところです。それくらい介護による疲れは膨大です。先ほどあげた一般的な疲れに、介護による疲れが加わるのだから疲れないわけないですよね。

肉体的に疲れる介護

毎日のように介護をしていると身体的な負担も大きく重労働に感じます。

介護をする人は本人のＡＤＬ（※日常生活動作。起居動作・移乗・移動・食事・更衣・排せ

つ・入浴・整容）に合わせて

寝起きや移乗の際に要介護者の身体を支え、転ばないように歩行の手伝いをし、食事介助では相手のペースに合わせ、着衣で靴下をはけるようにするため屈み、頻回に排せつの介助をし、入浴介助では全身を使うため身体的な負担は大きいです。

また、時間も決まっていないことが多く夜中に介助のため起こされてしまうこともあり、毎日のように睡眠を要介護者に妨げられてしまうことがあるため、身体への負担は非常に大きいことが分かります。

精神的に疲れる介護

精神的な疲れでは人間関係によるストレスがあります。介護を受けると要介護者本人だけでなく様々な立場の人と関係を築くことになります。必ずしも良好な関係とは限らず、相性の悪い人や苦手な人にあたることもあります。先ほどもあげたように人間関係は常にやっかいで難しいですよね。

例えば、介護を受ける側は自分のおもうようにいかず、意向がしっかりとくみ取られていないと感じることもあります。家族では要介護者に自分のした行為が伝わらなかったり、「感謝してくれない」など良く耳にしました。家族が介護することに「もう無理」と我慢できなくなることは非常に多いです。

家族間でも役割分担がしっかりされず、長女だけが介護し、長男は何もしないなどよく相談を受けました。次第に介護が原因で兄弟の仲が悪くなることもあります。

介護疲れに対する対策を現場ごとに解説

肉体的にも精神的にも疲れる介護の対策として3つ紹介します。

①一人で悩まない

介護に携わる人は真面目な人が多く自分でなんとかしようとする人が多いです。親のことで悩んだが親しい友達に相談できなかったり、介護現場では業務過多でもだれかに助けてほしいと言えなかったり、無理をされる場面を何度もみてきました。

介護のことを相談できる人がいない場合、どうしても視野が狭くなり、問題の発見や解決の1歩が遅れます。誰かに相談することで気持ちが楽になり、視野を広げることで良い解決方法に導いてもらえる可能性が高くなります。一人で悩まないで相談することが大切です。

②介護保険の把握

先ほど説明したように福祉の状況は日々変化します。

介護保険の利用を控えて、気がつかないうちに、自分の知識と現実の状況には大きくずれが生じ、受けられるサービスに対しての正確な理解ができないことがあります。

そこで介護保険の利用も一つの選択肢だと意識していくことが大事です。介護保険の窓口として、市区町村の高齢福祉課や地域包括支援センターやケアマネジャーを頼るのも方法の１つです。相談することによって気持ちが楽になり、より良い解決方法がみつかるかもしれません。またケアマネに相談し、ケアプランを見直してもらうことも介護疲れを軽減する対策の１つとなります。

ここで家族にはワンポイントアドバイスとして、すべてのサービスを無理して把握しようとしないほうが良いです。すべてを把握しようとしたりするのではなく、ご本人にあった適切なサービスを検討していくことが大事ですので、ケアマネのアドバイスをもとに、必要か不必要かを検討していくと良いとおもいます。うまくサービスを取り入れることで家族も自分の時間ができたり、時間の使い方を見直すきっかけになります。

一人で抱え込まず、悩みは早めに相談し、外部と程良くコミュニケーションをとって孤立しないようにしましょう。

③介護スキル向上

これは介護職員だけでなく家族も重要です。

介護スキルとは一概に肉体的な負担軽減だけのものでなく精神的にも負担軽減されます。

また介護スキルは介護を提供する側のためだけでなく受け手側にも大きな影響を与えます。

介護スキル向上はコミュニケーションの技術向上にもつながり、提供側が介護スキルをしっかりと身につけておくと、介護を受ける側も安心して相談できたり、身を任せられたり、家族とも信頼感が高まります。関係性が良くなれば、物事がスムーズになることもよくあります。

ワンポイントアドバイスすると

よく見かける家族介助では姿勢や体勢が悪いことがあります。介助には、介助者側にも適切な姿勢がありますので、姿勢を見直すだけで介助がグッと楽になります

介護福祉業界の現状

福祉の現状

そんな疲れやすい現代を生きる上でも欠かせない存在である福祉の現状を説明させていただきます。

福祉の現状は課題や問題点が多く、代表的な例としては、少子高齢化・２０２５年問題・２０４０年問題・社会保障財源の問題・介護難民の発生・老老介護・認認介護・虐待の増加・介護職員の人材不足・低賃金、など現代福祉が抱える課題・問題は膨大です。

少子高齢化

日本の人口は近年減少局面を迎えており、２０６５年には総人口が９０００万人を割り込み、高齢化率は38％台の水準になると推計されています。

また、団塊の世代の方々が全て75歳となる２０２５年には、75歳以上の人口が全人口の約

18%となり、２０４０年には65歳以上の人口が全人口の約35%となると推計されています。

諸外国と比較しても、日本における少子高齢化の動きは継続しており、今後も、人口の推移や人口構造の変化を注視していく必要があります。

※厚生労働省　人口の推移、人口構造の変化参照

介護職員の人材不足

介護職員の人材不足では問題と上げれる理由の一つに低賃金があります。

サービスそのものが介護保険という公的な仕組みであるため費用設定にある程度の制限が設けられるので給料で職員に還元するのには限界があります。

別の言い方をすると施設や事業所に入るお金

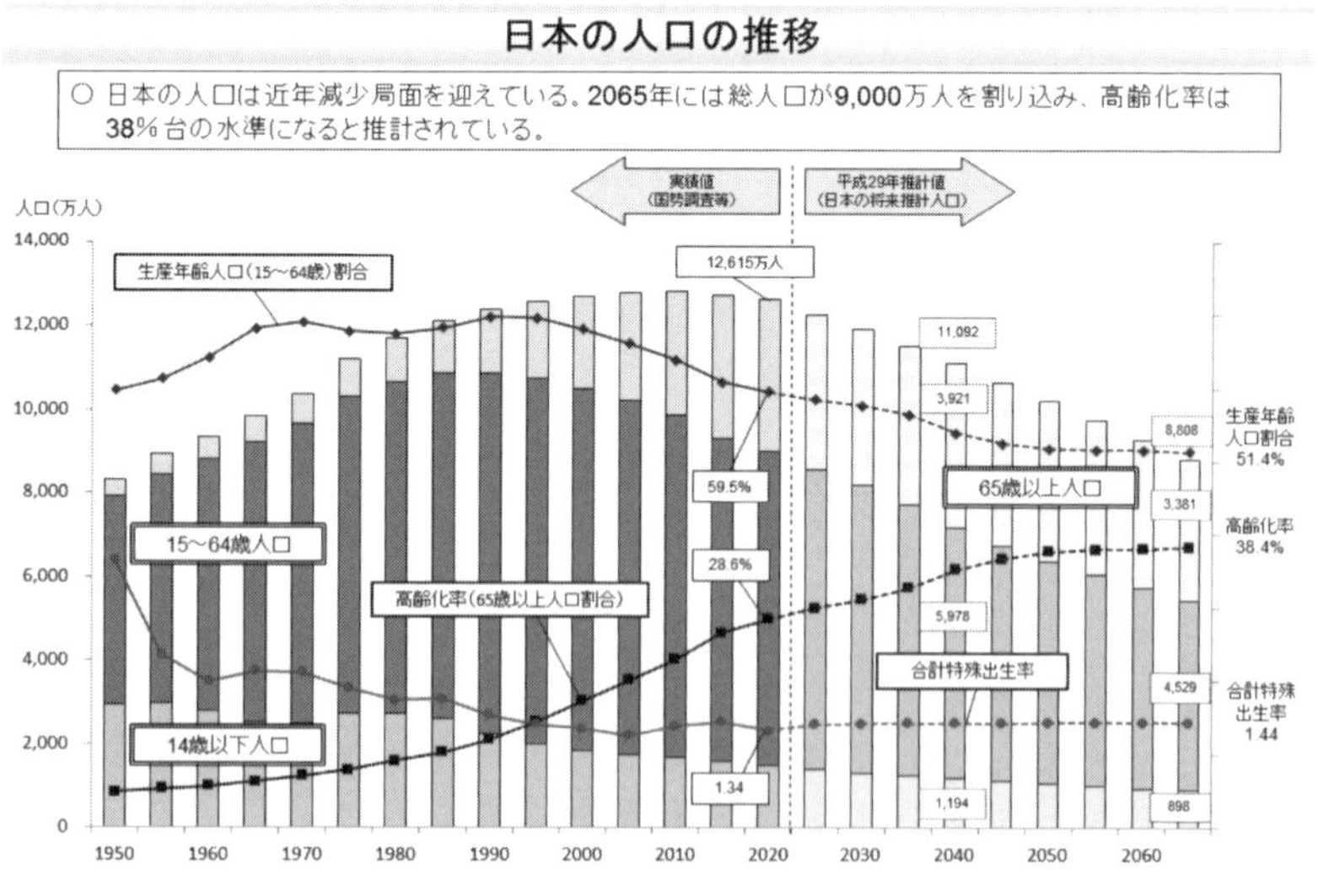

にはある程度上限が決まっているということです。

そのため、企業努力だけでは賃金改善は現状では難しいため、低賃金や人材不足が生まれるのはある意味で仕方ないことかもしれません。私の周りにも低賃金を理由に転職される人は沢山いました。

介護職員の必要数

令和３年７月９日に第８期介護保険事業計画の介護サービス見込み量等に基づき、都道府県が推計した介護職員の必要数を公表しました。

これによれば、次のようになっています。

・２０２３年度には約２３３万人（＋約２２万人（５・５万人／年））
・２０２５年度には約２４３万人（＋約３２万人（５・５万人／年））
・２０４０年度には約２８０万人（＋約６９万人（３・３万人／年））
※（　）内は２０１９年度（２１１万人）比の介護職員を確保する必要があると推計されています。

このような問題に社会保障財源の問題もあるため介護業界全体が大きく変わるのには時間が

かかります。だからこそ介護職員のみならず、介護に携わる家族やその他大勢の支援可能な方には疲れないための取り組みが必要です。疲れないために介護を変えていく必要があります。

いままさに疲れないための介護が求められます。

※厚生労働省

※第８期介護保険事業計画（都道府県及び市町村は、基本指針に即して、３年を一期とする都道府県介護保険事業支援計画及び市町村介護保険事業計画を定めることとされており、基本指針は計画作成上のガイドラインの役割を果たしている。）に基づく介護職員の必要数について

誰にでもあること

何度も言いますが、介護疲れは誰にでも起こります。

実際に長時間の研修を受け、訓練され、資格をもった介護職員でも介護疲労は肉体的にも精神的にも普通におきます。

だから職業として介護を行っている人でも介護に関する疲れや

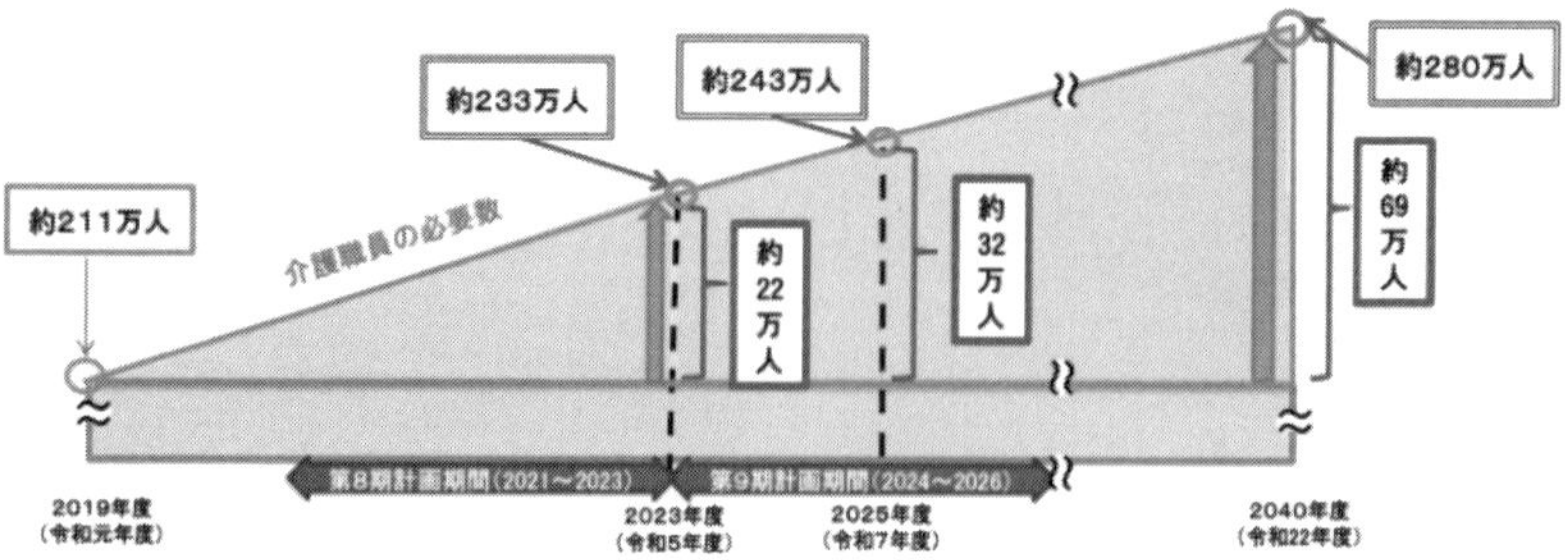

悩みがあるので、介護に慣れていない人が悩みを持つのは当たり前のことです。

つまり、介護は誰にとっても大変なことで、しっかりと疲れないための対策をとる必要があります。

介護疲れで悩まないために

悩み

ここまで一般的な疲れや介護疲れについて説明させていただきました。

一般的な疲れと介護疲れの違いは終わりのみえない介護に大きな負担を感じることです。負担を感じれば苦しくなり、次第に悩んでしまいます。

私は介護疲れをしている人から数多くの悩み相談を受けました。自分では介護疲れに気がつかず、事態が深刻になってから相談をされます。人によってはうつ状態になってから相談されます。何度もどうしてはやく相談してくれなかったんだろうとおもうこともあります。

でもほとんどの人が最初は誰に相談していいのかわからなく困ってます。そんな困っている人たちがどうにか救われないかと私は日々検討してきました。

真面目でいい人

介護に携わる人は真面目でいい人が多いです。いい人ほど悩みやすく、一人でなんでも解決しようとされます。介護職では部下や上司に気を使い、相手に悪く思われないために、言いたいことを我慢することも増えるでしょう。

親の介護では誰かに迷惑かけてはいけないと一人で頑張りすぎる方も多くいます。なんとかしなきゃと誰にも相談せず、自分の気持ちを抑えて、いつも他人の気持ちばかりを優先し、神経をすり減らさざるを得なくなります。

悩まないための方法

一人で頑張りすぎた介護を誰かに相談してみたり、制度を活用してみませんか？

介護保険と社会資源の活用を行えば、一人で悩まずに、相談できる相手は必ずいます。疲れて悩んでいた人が楽になる制度は必ずあります。

その方法を第２章で解説していきたいとおもいます。

第２章

介護保険と社会資源の活用方法

介護保険について

そもそも介護保険とは何なのかわからない方も多いのではないでしょうか。

介護保険制度とは？

介護保険は、介護を必要とする人を社会全体で支えるためにつくられた制度です。そもそも一般的な保険は日常生活で起こる様々なリスクに備えるための制度です。介護保険も同様に加齢や疾病により、誰でも介護が必要になる可能性があるため、介護が必要な方に少ない費用負担でサポートを受けられるようにした仕組みです。

介護保険制度の仕組み

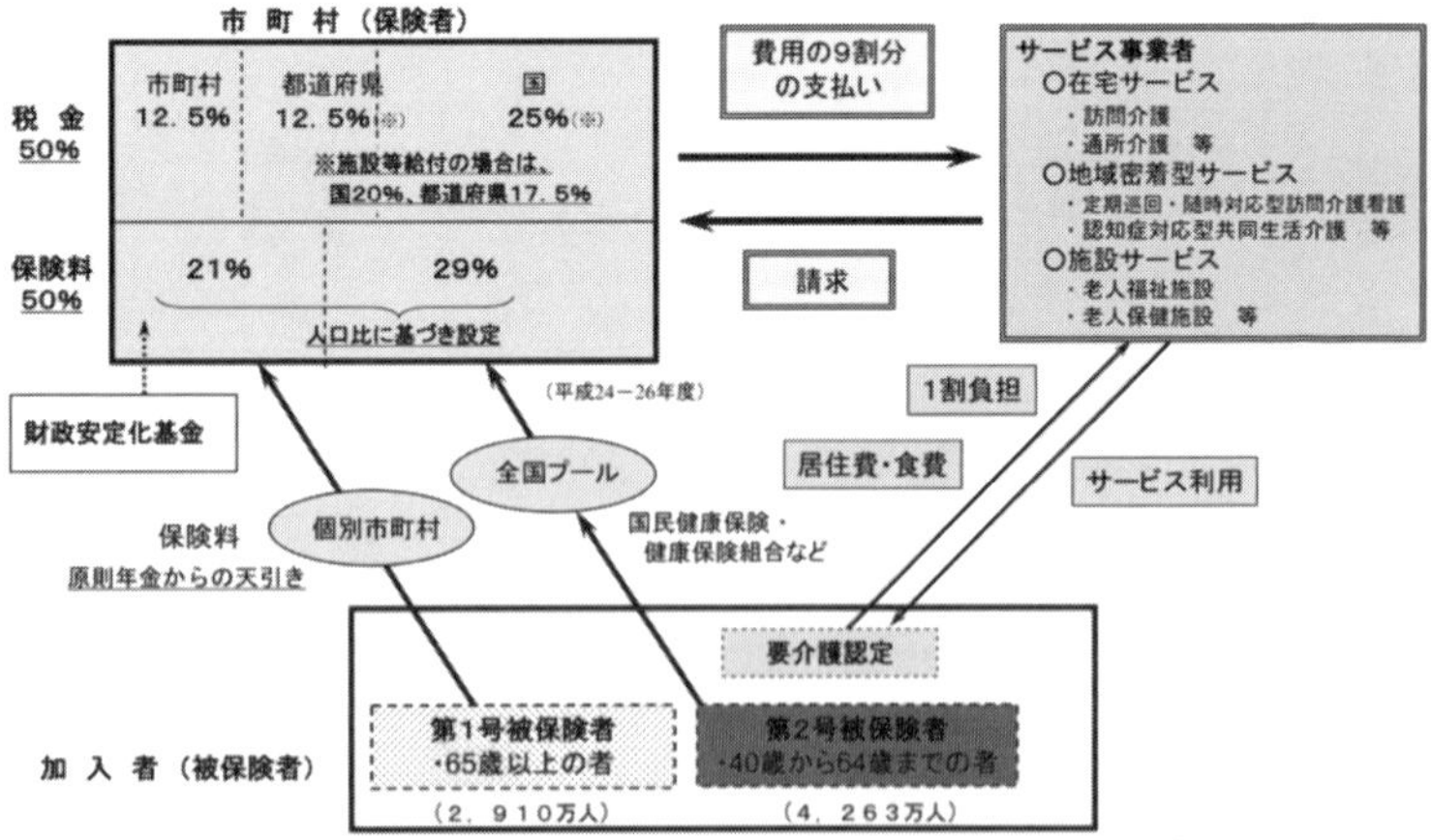

（注）第1号被保険者の数は、「平成22年度介護保険事業状況報告年報」によるものであり、平成22年度末現在の数（福島県の5町1村を除く。）である。
第2号被保険者の数は、社会保険診療報酬支払基金が介護給付費納付金額を確定するための医療保険者からの報告によるものであり、平成22年度内の月平均値である。

※全国の市区町村が保険者（保険事業の運営主体）、そして地域に住む40歳以上の住民が被保険者となり、被保険者が納める介護保険料と税金で運営。

※厚生労働省の定義では、介護保険制度は「高齢者の介護を社会全体で支えあう仕組み」とされています。2000年に介護保険法が施行。以降は3年ごとに改正が行われています。

介護保険の考え方

介護保険制度は3つの考え方のうえに成り立ちます。

①自立支援

高齢者自身の自立支援のことです。自立とは自分以外の助けなしで、または支配を受けずに、自分の力で物事をやっていくことです。

②利用者本位（利用者主体）

サポートをする側（援助者）基準の支援ではなく、利用者の選択により、総合的に利用できます。

③社会保険方式

給付と負担の関係が明確な「社会保険方式」を採用しています。

介護保険の利用には根拠が必要。

介護保険に加入するのは、第1号被保険者と第2号被保険者に当たる人ですが、無条件でサービスの対象になるのではありません。介護保険を利用するには条件があり、条件に該当する人だけが利用ができます。

ケアマネが介護保険を利用する方やその家族によく言われることが要介護だからヘルパーさんに来てほしい。サービスをたくさんいれてほしいです。保険給付のサービスですのでサービスを利用するにはしっかりと根拠が必要になってきます。本人・家族・関係者で必要性を話し合って、サービスは決定しますので、必ずしも希望通りにいくとは限りません。できることはしっかり自分で継続しながら行い、できないところをサービスで補っていく必要があります。

介護保険で使うことができる主なサービス

介護保険のサービスは大きく分けて
在宅系サービスと施設系サービスに分かれます。

在宅系サービス

在宅で生活をするための在宅サービスでは
①訪問系サービス
②通所系サービス
③短期間の宿泊サービス
④福祉用具サービス

施設系サービス

施設等で生活をする施設系サービスでは
①介護老人福祉施設（特別養護老人ホーム）

②介護老人保健施設（老健）
③介護療養型医療施設
④特定施設入居者生活介護（有料老人ホーム、軽費老人ホーム等）
⑤介護医療院

などがあります。名称も様々で名前を覚えるのが大変だったりしますがよく言われる特養は①に該当します。

また地域密着型の施設では
①認知症対応型共同生活介護（グループホーム）
②地域密着型介護老人福祉施設入所者生活介護
③地域密着型特定施設入居者生活介護

などがあります。

訪問・通い・宿泊を組み合わせる小規模多機能型居宅介護や看護小規模多機能型居宅介護（複合型サービス）などがあります。

自宅で利用するサービス	訪問介護	訪問介護（ホームヘルパー）が、入浴、排せつ、食事などの介護や調理、洗濯、掃除等の家事を行うサービスです
	訪問看護	自宅で療養生活が送れるよう、看護師等が清潔ケアや排せつケアなどの日常生活の援助や、医師の指示のもと必要な医療の提供を行うサービスです。
	福祉用具貸与	日常生活や介護に役立つ福祉用具（車いす、ベッドなど）のレンタルができるサービスです。

日帰りで施設等を利用するサービス	通所介護（デイサービス）	食事や入浴などの支援や、心身の機能を維持・向上するための機能訓練、口腔機能向上サービスなどを日帰りで提供します
	通所リハビリテーション（デイケア）	施設や病院などにおいて、日常生活の自立を助けるために理学療法士、作業療法士、言語聴覚士などがリハビリテーションを行い、利用者の心身機能の維持回復を図るサービスです。
宿泊するサービス	短期入所生活介護（ショートステイ）	施設などに短期間宿泊して、食事や入浴などの支援や、心身の機能を維持・向上するための機能訓練の支援などを行うサービスです。家族の介護負担軽減を図ることができます。
居住系サービス	特定施設入居者生活介護	有料老人ホームなどに入居している高齢者が、日常生活上の支援や介護サービスを利用できます。
施設系サービス	特別養護老人ホーム	常に介護が必要で、自宅では介護が困難な方が入所します。食事、入浴、排せつなどの介護を一時的に提供します。※原則要介護３以上の方が対象
小規模多機能型居宅介護		利用者の選択に応じて、施設への「通い」を中心に、短期間の「宿泊」や利用者の自宅への「訪問」を組み合わせて日常生活上の支援や機能訓練を行うサービスです。
定期巡回・随時対応型訪問介護看護		定期的な巡回や随時通報への対応など、利用者の心身の状況に応じて、24時間365日必要なサービスを必要なタイミングで柔軟に提供するサービスです。訪問介護員だけでなく看護師なども連携しているため、介護と看護の一体的なサービス提供を受けることもできます。

利用の流れ

介護保険サービスを利用する際は、要介護認定の申請を行う必要があります。

ケアマネとして多くのご家庭と接した経験から、すぐに介護保険の申請をされる人もいれば、「まだ必要ない」と申請を嫌がる人もいらっしゃいます。

しかし、必要性の高い人がサービスを利用せずに頑張り続けると、結果的に本人だけでなく、家族・友人・知人など周囲の方々にも大きな負担がかかってしまうことにもなりかねません。

もし「まだ必要ない」と申請を嫌がる人がいた場合、しっかりと話し合い、その人にとってのメリットや周囲の方に対してのメリットも説明するとよいでしょう。介護保険利用には身体的な負担軽減だけでなく経済的負担軽減や精神的な負担軽減効果もあります。

ただ、私は無理強いしないように気をつけています。本人のストレスにならないように、デイサービスの利用に抵抗のある人には「試してみて、嫌だったらやめてみませんか」などと声をかけることで、やめてもいいという選択肢を持てるため、本人は安心して介護サービスを受けることができます。結果的に通い始めたデイサービスが効果的で運動機能を維持できたり、他者との交流を楽しめたりとうまくいったこともよくあります。

介護保険申請

住み慣れた自宅での生活を続けるためには困りごとを解決し、適切なサービスを取り入れる必要があります。

そのための介護保険申請方法について説明します。

要介護認定の申請は、市区町村の役所窓口や地域包括支援センターで受け付けています。まずは困ったら一人で悩まずに、役所の高齢支援課や地域包括支援センターに相談することを勧めます。

申請方法は要介護認定の申請ができるのは、基本的には本人とその家族ですが、本人の来所が難しい場合は、代理人（ケアマネ等）が申請することもできます。

申請から介護保険利用の流れは図のようになります。

認定調査

基本調査……身体や生活機能などの74項目　※詳細は下記の表を参照

特記事項……特別に配慮すべき点

調査の時に注意してほしいのが、頑張りすぎてしまうことです。普段しないのに調査員というお客様を前にいつも以上に張り切って頑張られる人もいます。ありのままの自分をみていただくこと、普段の自分を見せることをイメージされると緊張もしないで、無事に調査をすることができます。ご家族であれば、「そうはいってもはじめてのことだし緊張する」と言われる人もいます。緊張される場合には大事なことはメモをとり事前に準備することも大事です。

調査員に伝えたいことをメモし本人ができること、できないこと、家族が困っていること、困っていないことを記入することもお勧めです。

例えば、食事に時間がかかって困る。→食事に1時間かかって家族がつきっきりで介助しているため困る。など具体的に伝えると良いでしょう。

食事介助は大変でも食事をするための準備・家事・調理などには困っていないケースもあるので、買い物は家族ができるので困らないなど、メモしておいても良いでしょう。

介護保険について費用

介護サービスで負担する費用面が気になる人も多いとおもいます。

介護保険制度では、利用者の所得に応じて1〜3割の負担をするのが原則です。

すべてのサービスが制限なしに使えるわけではなく、介護度によって受けられるサービスの給付上限が設定されます。地域区分というものがあり地域によって単価も変わってきます。ここでは３級地をもとに費用計算していきたいとおもいます。

※地域区分には１級地～７級地があり、それぞれ市区町村が指定されています。地域区分により介護保険の介護報酬の単位を１単位何円で計算するか決まるので市区町村ごとに等級を紹介します。地域区分とは、地域ごとに設定された介護報酬１単位あたりの単価のことです。

〈居宅サービスの１ヶ月あたりの利用限度額〉

居宅サービスを利用する場合は、利用できるサービスの量（支給限度額）が要介護度別に定められています。限度額の範囲内でサービスを利用した場合は、１割（一定以上所得者の場合は２割又は３割）の自己負担です。限度額を超えてサービスを利用した場合は、超えた分が全額自己負担となります。

先ほど紹介した在宅系サービスの費用について、在宅介護にかかる費用は、大きく２種類あり、デイサービスなどの利用にかかる介護サービス利用料と、デイサービスでの昼食代やおやつ代など介護サービス以外の費用です。

それでは実際の費用について1部紹介していきたいとおもいます。

前提として、3級地西東京市在住の要介護1～5の認定を受け、負担割合が1割の方で地域や事業所により加算の内容も変化がある肩。また、あくまで目安です。
※西東京市役所　介護保険　サービスの種類と費用の目安参照

①訪問系サービス費用

訪問介護（ホームヘルプ）
要介護1から5の人
ホームヘルパーが居宅を訪問して、入浴、排せつ、食事などの身体介護や調理、洗濯などの生活援助を行います。通院などを目的とした、乗降介助（介護タクシー）も利用できます。
身体介護中心（30分から1時間未満）　4364円
生活援助中心（45分から）　2475円
通院のための乗車または降車の介助　1082円
例えば　ホームヘルパーさんに平日（20回と仮定）お昼の時間に排せつと食事の介助を行い、1時間未満の場合、4364円×20回＝87280の1割負担の場合1ヶ月の利用料金は

８７２８円が自己負担となります。

訪問入浴

要介護１から５の人

介護士と看護師が家庭を訪問して、浴槽を提供しての入浴介護を行います。

《サービス費用の目安》１回１３８７８円

例えば、入浴を週１回・月に４回行った場合、１３８７８円×４回＝５５５１２円の１割負担の場合１ヶ月の利用料金は５５５１円が自己負担となります。

訪問看護

要介護１から５の人

疾患等を抱えている人について、看護師が居宅を訪問して、療養上の世話や診療の補助を行います。

《サービス費用の目安》訪問看護ステーションから　20分から30分未満の訪問　５１８２円

例えば、看護師さんに週1回・月4回療養状の世話等で訪問してもらった場合、5182円×4回=20728円の1割負担の場合1ヶ月の利用料金は2073円が自己負担となります。

夜間対応型訪問介護

要介護1から5の人

夜間の定期的な巡回または通報によりヘルパーが居宅を訪問し、排せつ介護、日常生活上の緊急時の対応などの介護が受けられます。

夜間対応型訪問介護（基本対応の場合）

種別　サービス費用　（）内は1割負担額

基本料金　11149円（1115円）／1か月

定期巡回　4176円（418円）／1回

随時訪問　1名対応時　6364円（637円）／1回

2名対応時　8563円（857円）／1回

例えば

・月額基本料金：11149円

・定期巡回サービス：夜間に1週間に5回おむつ交換☒月4週　20回の場合、4176×20回＝83520円
・随時訪問サービス（ヘルパー1人）：1か月に1回緊急での対応→6364円
1ヶ月の利用料金は　101033円の1割負担の場合　10103円となります。
となります。

定期巡回・随時対応型訪問介護看護

介護職員と看護師が一体または密接に連携し、定期的に訪問します。
また利用者の通報や電話などに対して随時対応します。
1ヶ月あたりのサービスの目安（訪問看護を利用しない場合）
要介護1　62951円
要介護2　112356円
要介護3　186557円
要介護4　235994円
要介護5　285410円

例えば要介護1の場合、1ヶ月の利用料金は62951円の1割負担の場合6295円となります。

②通所系サービス

通所介護（デイサービス）

通所介護施設で、食事、入浴などの日常生活上の支援や、生活行為向上のための支援を日帰りで行います。

通常規模型の事業所（8時間以上9時間未満）注）送迎を含む

要介護1）7038円から、要介護5）12282円

※サービス費用の利用者負担とは別に、食事代、入浴等の料金がかかる場合があります。

例えば、要介護3の場合、8時間以上9時間未満のデイサービスを週1回利用で、1回9729円×4回=38916円。1ヶ月の利用料金は　38916円の1割負担の場合3892円となります。

通所リハビリ

老人保健施設や医療機関等で、食事、入浴などの日常生活上の支援や生活行為向上のためのリハビリテーションを、日帰りで行います。

通所リハビリテーション（７時間以上８時間未満）注）送迎を含む

要介護１）から要介護５）で、７７５４円から１４２６３円がめやすとなってきます。

例えば、要介護５の人が週１回利用した場合、１４２６３円×４回＝５７０５２円、１ヶ月の利用料金は　５７０５２円の１割負担の場合５７０５円となります。

地域密着型通所介護

要介護の高齢者が、食事・入浴などの介護や支援、機能訓練を日帰りで受けられます。

地域密着型通所介護（８時間以上９時間未満）注）送迎を含む

要介護１）８１５９円から要介護５）１４２２５円

※食費、日常生活費は別途負担となります。

例えば要介護１の方が週２回通った場合、８１５９円×８回＝６５２７２円、１ヶ月の利用料金は　６５２７２円の１割負担の場合６５２７円となります。

認知症対応型通所介護（介護予防認知症対応型通所介護）

要支援１・２の人、要介護１から要介護５の人

認知症の高齢者が、食事・入浴などの介護や支援、機能訓練を日帰りで受けられます。

認知症の診断のある方のみ利用できます。

認知症対応型通所介護（８時間以上９時間未満）注）送迎を含む

要支援１）９５１９円から要介護５）１５８００円

※食費、日常生活費は別途負担となります。

例えば要介護２の方が週１回通った場合、１２２０５円円×４回＝４８８２０円、１ヶ月の利用料金は　４８８２０円の１割負担の場合４８８２円となります。

③短期間の宿泊サービス

ショートステイにかかるおおよその内容と金額は次の通りです。

介護保険が適用されるもの：サービス料金を含む基本料金
介護保険が適用されないもの：食費、施設費、日用品代など

介護保険が適用される場合、自己負担額は1割〜3割程度です。

施設ごとに料金の設定は異なりますが、一泊二日で3000円〜10000円が相場です。

また有料老人ホームで提供されているショートステイも存在します。その場合、介護保険は適用されないため注意が必要です。

④福祉用具レンタル

福祉用具貸与（レンタル）

日常生活の自立を助けるための福祉用具を貸与します。

対象品目

車いす

車いす付属品

特殊寝台

特殊寝台付属品
床ずれ防止用具
体位変換器
手すり（工事をともなわないもの）
スロープ（工事をともなわないもの）
歩行器（シルバーカーは給付対象外）
歩行補助つえ
認知症老人徘徊感知機器
移動用リフト（つり具を除く）
自動排泄処理装置
特定福祉用具販売

※要支援1・2および要介護1の人には、車いす（付属品を含む）、特殊寝台（付属品を含む）、床ずれ防止用具、体位変換器、認知症老人徘徊感知機器、移動用リフト（つり具を除く）は原則として保険給付の対象となりません。

事業所や取り扱う種類にもよりますが自己負担1割の場合、例えば車いすでは500円くらい、特殊寝台（いわゆるベッド）・付属品では1500円くらい、手すりでは床に置くだけタイプの手すりでは200円くらい、天井から突っ張るタイプの手すりでは300円くらいです。種類も豊富にあるため、福祉用具相談員やケアマネジャーに相談しながら料金の確認をしてみてください。

ここまでの内容のサービスはほとんどが組み合わせからなっています。組み合わせた場合の事例とおおよその料金を紹介します。

事例

・要介護2の方で

訪問介護、週1回買い物同行、週1回掃除

身体介護中心（30分から1時間未満）　4364円

生活援助中心（45分から）　2475円

4364円×月4回　17456円＋2475円×月4回　9900円＝27356円の

1ヶ月の利用料金は　27356円の1割負担の場合2736円となります。

・要介護3の方で

デイサービスと福祉用具、8時間以上9時間未満のデイサービスを週2回利用

9729円×月8回＝77832円

福祉用具は特殊寝台・付属品（いわゆるベッド）と手すりを自宅に200単位をトイレ・玄関・居間に1か所ずつ

特殊寝台・付属品15000円＋手すりが3点で6000円＝21000円

デイサービス77832円＋福祉用具21000＝98832円

1ヶ月の利用料金は　98832円の1割負担の場合9883円となります。

・訪問介護と福祉用具と訪問看護と訪問入浴、要介護4の方で

1日2回週5回ヘルパーさん　身体1時間の利用

身体介護中心（30分から1時間未満）　4364円×月40回＝174560円

福祉用具　特殊寝台・付属品　床ずれ防止用具

ベッド15000円＋床ずれ防止用具マットが9000円＝24000円

訪問看護　週1回　30分未満の利用

５１８２円×４回＝２０７２８円
訪問入浴を週１回・月に４回行った場合、 １３８７８円×４回＝５５５１２円
訪問介護１７４５６０円＋福祉用具２４０００円＋訪問看護＋２０７２８円＋訪問入浴５５５１２円＝２７４８００円
１ヶ月の利用料金は ２７４８００円の１割負担の場合２７４８０円となります。

・訪問診療

居宅療養管理指導 要介護１から５の人
医師、歯科医師、薬剤師、管理栄養士などが居宅を訪問して、療養上の管理や指導を行います。
在宅で訪問診療を導入した場合にかかる費用について、ご説明させていただきます。

要介護度１～２程度で通院が困難なケース（Ａさん）

Ａさんは比較的軽度（要介護１～２程度）ではありますが、通院は困難な方です。

この場合、月１回程度の訪問診療が必要となるため、医療費は概ね下記の通り算定されます。

ただし、医療費はあくまでも主治医となる先生の見立てになります。

３１３３点×10円＝３万１３３０円 ↓ １割負担の場合…約３２００円／月

在宅時医学総合管理料：２３００点（月1回の訪問診療と緊急時の待機＋療養上の相談）
訪問診療料：８３３点（実際にお住まいの場所への訪問診療料）

要介護3～5度で通院が困難なケース（Bさん）

Bさんは比較的中重度（要介護3～5程度）で、通院困難な方です。
月2回程度の訪問診療が必要と主治医が判断された場合の医療費は、下記の通りです。
６２６６点×10円＝６万２６６０円⇒1割負担の場合…約６３００円／月
在宅時医学総合管理料：４６００点（月2回の訪問診療と緊急時の待機＋療養上の相談）
訪問診療料：１６６６点（８３３点×２回）※実際にお住まいの場所への訪問診療料に依拠する

要介護4～5程度で在宅酸素を使用している通院困難な方（Cさん）

Cさんは比較的重度（要介護4～5程度）で、在宅酸素を使用している通院が困難な方になります。

主治医の方の見立てで月2回程度訪問診療が必要な医療費用として概ね下記の部分が算定されます。

１３６４６点×10円＝13万６４６０円⇒１割負担の場合…約１万４０００円／月
在宅時医学総合管理料：４６００点（月２回の訪問診療と緊急時の待機＋療養上の相談）
訪問診療料：１６６点（８３３点×２回）（実際にお住まいの場所への訪問診療料）
在宅酸素管理料：７３８０点（在宅で酸素療法を行うための物品や管理する費用）
ここまで３つのケースでご説明しましたが、各々の保険区分によって負担割合は変動しますので、負担割合が２割または３割の方はその分負担も増えることになります。
また、緊急で往診が発生した場合や処方が発生した場合、検査（採血など）は別途料金がかかるので、その分負担金額も上がります。

※みんなの介護　在宅での訪問診療にかかる費用参照

施設系サービス

施設等で生活をする施設系サービスでは〈施設サービス自己負担の１ヶ月あたりの目安〉個室や多床室（相部屋）など住環境の違いによって自己負担額が変わります。

※厚生労働省料金の目安

①介護老人福祉施設（特別養護老人ホーム）

介護老人福祉施設（特別養護老人ホーム）の１ヶ月の自己負担の目安

《要介護５の人が多床室を利用した場合》

施設サービス費の１割　約２５０００円

居住費　約２５２００円（８４０円／日）

食費　約４２０００円（１３８０円／日）

日常生活費　約１００００円（施設により設定されます。）

合計　約１０２２００円

介護老人福祉施設（特別養護老人ホーム）の
１ヶ月の自己負担の目安

○要介護５の人が多床室を利用した場合

施設サービス費の１割	約 25,200 円（847 単位× 30 日＝25,410）
居住費	約 25,650 円（855 円／日）
食費	約 43,350 円（1,445 円／日）
日常生活費	約 10,000 円(施設により設定されます。)
合計	約 104,000 円

○要介護５の人がユニット型個室を利用した場合

施設サービス費の１割	約 27,900 円（929 単位× 30 日＝27,870）
居住費	約 60,180 円（2,006 円／日）
食費	約 43,350 円（1,445 円／日）
日常生活費	約 10,000 円(施設により設定されます。)
合計	約 141,030 円

《要介護５の人がユニット型個室を利用した場合》
施設サービス費の１割　約２７５００円
居住費　約６００００円（１９７０円／日）
食費　約４２０００円（１３８０円／日）
日常生活費　約１００００円（施設により設定されます。）
合計　約１３９５００円

②介護老人保健施設（老健）

介護老人保健施設は、在宅復帰を目指している方の入所を受け入れ、入所者が可能な限り自立した日常生活を送ることができるよう、リハビリテーションや必要な医療、介護などを提供します。

従来型個室・在宅強化型の老健では、一般的な料金例は以下のようになっています。

※学研ココファン調べ

〈従来型個室【在宅強化型】〉

介護度	施設介護サービス費	居住費	食費	合計
要介護 1	22,680 円	50,040 円	43,350 円	116,070 円
要介護 2	24,840 円	50,040 円	43,350 円	118,230 円
要介護 3	26,700 円	50,040 円	3,350 円	120,090 円
要介護 4	28,380 円	50,040 円	43,350 円	121,770 円
要介護 5	30,090 円	50,040 円	43,350 円	123,480 円

③特定施設入居者生活介護（有料老人ホーム、軽費老人ホーム等）

特定施設の金額は場所や会社によって大きく変わってくるため、料金は月額15万程度～上限がわからないくらいまであります。

※あいらいふ資料参照

老人ホームにかかる費用の目安

有料老人ホームに終身入居した場合、月額や、退去するまでの総額は、実際にいくらかかるか説明します。２つの試算を用意し、老人ホームに入居する平均年齢である84歳から、１００歳までを視野に試算しています。「長い」と感じるかもしれませんが、資金困難に陥る不安を入居後も抱えたまま過ごすことを考えれば、実はベターな試算です。

老後の資金は、わずかな蓄えと国民年金のみという方でも、都心を避けて郊外型のホームを選択し、無理なく入居されているケースはよくあります。とはいえ将来的に不足が生じたら、ご家族が費用を補てんする心構えは持っておきたいものです。

シミュレーション１　■Ａさんの場合

＜有料老人ホーム＞	
都下の標準的なホーム	
・入居一時金	300万円
・月額費用	19万円
Ａさん　貯蓄	1,500万円
入居年齢	84歳
要介護３	
年金月額	190,000円／月
毎年、実際に支払う額	
家賃	70,000円
管理費	60,000円
食費	60,000円
介護保険自己負担	28,000円
オムツ代	15,000円
医療・薬代	5,000円
レク・小遣い	5,000円
合計月額費用	243,000円

■毎月、実際に支払う額

月額費用243,000円－年金月額190,000円＝53,000円

■毎年、実際に支払う額

53,000円×12ヶ月＝636,000円

Ａさんの貯蓄残高の推移

■84歳時点

貯蓄15,000,000円－入居一時金3,000,000円＝12,000,000円

■90歳時点

貯蓄12,000,000円－（年間支払額636,000円×7年）＝7,548,000円

■95歳時点

貯蓄7,548,000円－（年間支払額636,000円×5年）＝4,368,000円

■100歳時点

貯蓄4,368,000円－（年間支払額636,000円×5年）＝1,188,000円

ワンポイントアドバイス

「入居金制度」は入居金タイプと月払い（入居一時金０円）タイプの２種類がある

（１）入居金タイプと月払いの選択は「償却期間」に注目する

（２）償却期間以上の滞在なら入居金タイプがお得

（３）「償却期間」内に退去した場合は、返還金制度があるので安心

シミュレーション２　■Ｂさんの場合

＜有料老人ホーム＞	
一般的な郊外ホーム	
・入居一時金	０万円
・月額費用	12 万円
Ｂさん　貯蓄	300 万円
入居年齢	84 歳
要介護５	
年金月額	155,000 円／月
毎年、実際に支払う額	
家賃	50,000 円
管理費	30,000 円
食費	40,000 円
介護保険自己負担	28,000 円
オムツ代	15,000 円
医療・薬代	5,000 円
レク・小遣い	1,000 円
合計月額費用	169,000 円
■毎月、実際に支払う額 月額費用 169,000 円－年金月額 155,000 円＝14,000 円	
■毎年、実際に支払う額 14,000 円×12ヶ月＝168,000 円	
Ｂさんの貯蓄残高の推移	
■84 歳時点 貯蓄 3,000,000 円－入居一時金０円＝3,000,000 円	
■90 歳時点 貯蓄 3,000,000 円－（年間支払額 168,000 円×７年）＝1,824,000 円	
■95 歳時点 貯蓄 1,824,000 円－（年間支払額 168,000 円×５年）＝984,000 円	
■100 歳時点 貯蓄 984,000 円－（年間支払額 168,000 円×５年）＝144,000 円	

ワンポイントアドバイス

入居金タイプがあれば月払いタイプから途中変更も可能

（１）ホームで馴染めるか不安が解消された場合

（２）入居後に元気を取り戻した場合

（３）不動産売却後に切り替える方法もあり

地域密着型サービス

認知症対応型共同生活介護（グループホーム）で、月々にかかる日常生活費の相場

※出典：みんなの介護掲載施設より算出

賃　料　5万6000円
管理費　1万2000円
食　費　3万8000円
水道光熱費　1万2000円
その他　4000円
合　計　12万6000円

この金額のうち、施設によって大きく変わってくるのが賃料です。賃料は、施設がある地域、部屋の広さ、設備の充実度で違いが生じます。また、その他の雑費についても、おむつ代や散髪代など施設ごとの規定額が決められています。

低所得の方への支援「特定入所者介護サービス費（負担限度額認定）」

施設へ入所されている方やショートステイを利用した時の、居住費（滞在費）と食費の自己負担額の軽減を受ける制度です。

認定要件

認定されるには、次の全てに該当する必要があります。

・生活保護受給者の方又は世帯全員が住民税非課税の方
・配偶者が住民税非課税であること（世帯分離している配偶者者を含む）
・預貯金等の金額が、下表の預貯金等の資産の状況に該当していること

認定区分と認定区分ごとの負担額について

要件に該当された方は、所得の状況と資産等の状況に応じた区分により、負担額が設定されています。

介護保険は財政難

介護保険の財政構造について少し触れたいとおもいます。

２０００年に制度化された介護保険制度では、50%を税金、50%を保険料で賄われています。しかし高齢者人口の増加と介護保険サービス利用の増加に伴い、財政難が生じております。そこで介護保険の引き上げが起き、全国平均では第１期は２９１１円、第２期は３２９３円、第３期は４０９０円、第４期は４１６０円。第５期は４９７２円第６期は５５１４円 第７期は６７７１円となっております。そのため、社会にある資源を有効活用していくことが現代の介護では重要です。また介護保険は公的なサービスであることから、できること、やれることにどうしても限りがあります。ですから社会にある様々なサービスを生活に取り入れることでより豊かに暮らすことができ、楽しみが膨らみ、充実した日々が過ごせるのではと私は考えます。

社会資源について

社会資源とは

その人のニーズを満たすために動員される施設や設備、資金や物資、集団や個人の有する知識や技能の総称したものです。つまり住み慣れた地域で暮らし続けるためには社会資源の活用が必須になってきます。この社会資源には、介護保険制度のように制度が確立されたフォーマルサービスと、家族や友人、地域に支えられているインフォーマルサービスがあります。

社会資源についての考え方

ご利用者さんのニーズを満たすため、介護保険サービスなどの公的なサービスであるフォーマルサービスは生活を支える重要な役割を果たします。健康管理に不安のある方に訪問介護で服薬の介助に入ったり、転倒のないように福祉用具貸与で自宅環境を整えたりします。

一方で地域のボランティア・家族・親戚などが柔軟な対応をするインフォーマルサポートも

利用者の生活の細やかな部分を支えてくれる心強く大切な要素です。さらには、ご利用者さんが楽しみや趣味をいかして生活をするために本人の持つ能力や意欲などにも目を向け、人生で培ってきた力を発揮できるように引き出していくことが必要になってきます。これらは自立支援にもつながる欠かすことができない観点です。

私はケアプランを作成する際に、お相手の好きなことや、趣味、楽しみが広がるように意識しています。少しですが、実際に活用させていただいた事例を交えながら紹介させていただきます。

社会資源の活用事例

一般的にインフォーマルサポートをケアプランに取り入れる際には、家族や友人、地域にあるものを組み込むことが多いです。実際にボランティアの方々に支えられながら生活を続けている方もいます。

また民間の配食サービスの利用も多く、お弁当を配達してもらうことで、負担軽減につながります。それからお弁当を頼むことで栄養バランスが整い、体調が改善された方も多くいます。

それではいくつか事例を紹介していきたいと思います。

楽しみながら運動を続ける

福祉用具で手すりを貸与されていた人の例です。

短距離であれば自立歩行可能で、買い物やお出かけが好きな利用者様からデイサービスの利用について相談がありました。「デイサービスに行くべきか悩んでいる。」とのことで、内容を確認していくと、

・自分の好きなタイミングで行けると良い。
・回数を気にしないで行けると良い。
・短時間で通いたい

などの意向があります。

デイサービスのパンフレットをお見せしましたが、どれもしっくりこない様子。そこで近所にあるフィットネスジムを紹介してみました。

現在日本全国では、施設数：５８１８軒、会員数：５１４万人と言われています。スポーツクラブをはじめとするフィットネス業界は、利用者のニーズに合わせたプログラムやサービスの多様化が進んでいます。中には女性専門のジム・スタジオも多く、幅広い世代の方々が通わ

れます。また時間も30分や1レッスン限定で運動ができたり、24時間オープンしているなど時間を気にせずに利用できることに魅力を感じます。

「24時間オープンしてても高齢者は昼間以外利用しないでしょ」なんて言われたこともありますが都内や繁華街にお住まいの方では、人通りが多かったり、車の交通量も多いのが現状です。早朝高齢者が散歩中に自転車や車と事故にあうことはよく耳にします。また冬場では早朝は冷え込み、うす暗かったりと1年を通して、散歩や運動を継続したい人にとっては日本の気候変化は非常に困難な状況といえます。ですから1年を通じて寒暖の差がほとんどない早朝にも通えるジムにいくことは健康維持するうえで、とても重要です。

結局この方はデイサービスにいくことはやめ、フィットネスジムに週3回通うことを選ばれました。フィットネスジムをお勧めしてから1年後、あの時デイサービス以外の選択肢があってよかったと笑顔で話されたことを鮮明に記憶しています。

家電量販店の利用で掃除の常識を変える

地域にあるお店を利用するのも社会資源の活用の一つです。自宅の片付けに困っていた人の例です。

自宅の掃除機掛けや片付けが出来なくて困っている人がいました。一般的にはケアマネさんは訪問介護によるヘルパーさんの生活援助・掃除を依頼します。

ですがその人の持っている力を活用したり、できることは自分でやれるように話し合いを行いました。それぞれ経済的な事情もありますが、ほうきや古いタイプの掃除機を使用していると身体に負担がかかり次第に掃除が困難になってきます。

そこでロボット掃除機を進めたところ実際にみてみたいということになり、ご利用者様と一緒に大手家電量販店に商品を見に行ったことがあります。すると掃除機の進化にびっくりされていました。なにより種類や品揃えにも驚かれ、商品を選択するまでには時間がかかりました。

掃除は人の手でするものという常識からロボットに任せるという選択肢があったことに感動されていました。購入後に話を伺うと、掃除機に名前を付けていたり、掃除機が集めてくれたゴミを集めるのが楽しみと自立した生活ができるように取り組まれていたのが印象的でした。

また大掃除を自費ヘルパーさんなどに頼まれることもありますが、大掃除用のグッズを家電量販店で揃えて年末に家族に帰省してもらった際のイベントの一つにしてみるのもよいのではと提案したこともあります。遠くに住んでいる家族だって、たまには親孝行したいはずと話し合い、帰省された家族が電動器具で庭掃除をされたり、高圧洗浄機で玄関や壁をピカピカにされていたりしたこともあります。

なにより掃除することによって環境が改善されただけでなく、親子の会話につながったり、孫との会話が生まれたりと大切な時間を過ごしていただくことができました。

多様化するニーズに応える自費サービス

それでも人の手にはかてないという方は自費サービスを勧めます。その一つが自費ヘルパーさんです。

介護保険サービスは、介護保険法によって利用基準が設けられています。そのため、ニーズに応じた柔軟なサービスの提供が難しいのが現状です。自費ヘルパーサービスでは、介護保険では適用外のサービスが可能です。サービスの内容はご利用者さまのご希望に沿ったサービスを行わせて頂きます。

介護費用と保険料の推移

○ 総費用

介護保険の総費用（※）は、年々増加

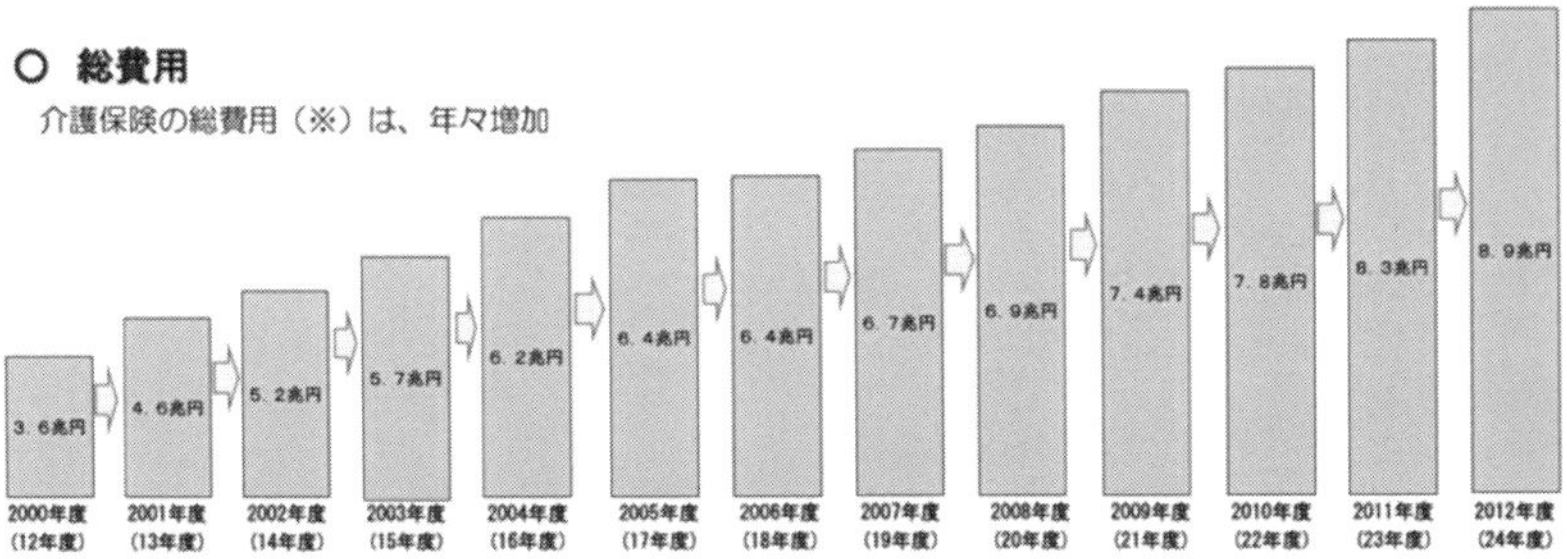

（注）2000～2010年度は実績、2011・2012年度は当初予算。ただし、2010年度の実績は、東日本大震災の影響により、福島県の５町１村を除いて集計。

※介護保険に係る事務コストや人件費などは含まない（地方交付税により措置されている）。

○ 65歳以上が支払う保険料〔全国平均（月額・加重平均）〕

第１期（H12～14年度）(2000～2002)	第２期（H15～17年度）(2003～2005)	第３期（H18～20年度）(2006～2008)	第４期（H21～23年度）(2009～2011)	第５期（H24～26年度）(2012～2014)
2，911円	3，293円（＋13%）	4，090円（＋24%）	4，160円（＋1．7%）	4，972円（＋20%）

例えば、
・通院
・庭の手入れ
・お話相手、見守り
・冠婚葬祭における付き添い
・大掃除
・お散歩・お墓参り
等々になります。

私はケアマネとして実際にいくつも自費サービスを利用される方がいましたが、訪問介護の人と連携を図りながら、調整をさせていただきました。

中には家族である娘さんが通院をするので、家でお母さんを一人にできないと相談があり、お母さんを見守ってほしいと依頼もありました。また自分では片付けられないので大掃除で模様替えをしたり、押入れの中を片付けたりすることもありました。

ただ誤解のないように補足させていただくと、ヘルパーさんはなんでも屋ではありません。自費とはいえ、人の手によって行うため、できること、できないことが当然あります。無茶ぶりの依頼ではなく、双方に合意の下でサービスは成立します。

社会資源を上手く使った人生を輝かせる趣味

趣味とは、仕事や職業としてではなく、個人が楽しみにしている事柄を表すことをいいます。高齢者の趣味で人気が高いのが旅行やハイキングなど外出をともなうことです。介護予防にもつながり、ケアマネとしても旅行に行けるように支援させてもらったこともいくつもあります。しかし、コロナ以降さまざまな状況の変化によって外出が難しくなりました。外出が規制されたことで、自宅で楽しめる趣味はないか、提案させていただきました。いくつか紹介させていただきたいとおもいます。

①わくわくできる園芸・家庭菜園

自宅で手軽にできる家庭菜園は、趣味として人気を集めています。自宅のベランダで野菜を育てたり、プランターで花を育てたりと、その選択肢は多岐にわたります。

こうした自分の好きな植物を育てることができる点から、趣味として園芸や家庭菜園を挙げる人も少なくありません。

園芸の魅力は日々育っていく植物に癒やされていることでしょう。自分が育てた植物が、花を咲かせる達成感は何物にも代えがたいものがあります。また季節を感じることができるのも魅力です。私もケアマネになるまではまったく無知でしたが、植物には当然のように季節があります。植物の成長とともに季節を実感することができるのは大きな魅力といえます。

私が働いている地域でもシェア畑など盛んにあります。

シェア畑では同じ会員さん同士の交流があります。なかにはイベントを開催しているところもあり、収穫した野菜を使い、焼き芋や豚汁などの料理を楽しむところもあります。「野菜作りを楽しむ」という共通の目的を持つ仲間として新たなコミュニティを作ることができます。

シェア畑を利用する人で腰を痛める人が多かったのがデメリットですが、頑張りすぎないで小さなプランターで家庭菜園から始めるのもおすすめです。土をいじると適度な汗をかくため、運動効果が期待できます。なにより楽しみながら作物を育てるのが大切なので、自分が一番わくわくする方法で気軽に始められるといいと思います。

②老後だから楽しめる映画鑑賞

家事や育児に追われている世代ではまとまった時間を取りにくいものです。

2～3時間の映画を見るためには移動時間も必要になるため4時間～5時間程度必要になってきます。気になる映画はあるけど見に行けずじまいだったことは多々あります。

しかし映画には沢山の魅力があります。映画を観ると、忘れていたこと（好きだったこと、幼少期のおもいで、感謝の気持ちなど）を思い出す効果があります。また逆に目の前にある「辛さ・苦しみ・悲しみ」を忘れられたり、小さくする効果を期待できます。

青春時代のラブストーリーや涙が止まらない感動的な話や笑いがとまらなくなるコメディなど、老後の趣味として楽しむのには最適ですし、映画鑑賞は見ている人に色々な気持ちを与えることのできる趣味です。映像には人間の心を動かす力があります。時間の使い方が上手になった世代だからこそできる楽しみもあるはずです。

③新たな挑戦のための教育・資格取得

若者だけでなく、人はいくつになっても知りたい、学びたいという欲求があります。高齢者向けの教室や、教育プログラムも多くあります。先ほどの園芸では園芸の資格をとられる人もいます。また教室では料理を学ぶことで、自分好みの食べ物を楽しみながら作れたり、栄養バランスを考えて作ることができるのもメリットです。

コロナ以降世の中は大きく変わりました。向上心をもって挑めば、人はいくつになっても通信講座で資格取得をすることも可能です。

資格取得により再就職の夢が広がったり、企業される方もいるかもしれません。子どもの頃あきらめていた夢を老後に叶えることも可能かもしれません。資格取得によって自分のやりたいことの幅を広げ、資格があることで、有資格者を求めている企業に再就職できる可能性が高くなることもメリットの1つです。

また、資格取得によって趣味をさらに深め、知識が増えることでより楽しめるようになれるのではないでしょうか。定年後の元気なうちから資格取得をするという目標を持つことで、生き生きとした生活ができるように具体的に行動を起こしてみてはいかがでしょうか。

余談ですが、以前介護関係の勉強会でどんなデイサービスなら行きたいかとグループワークをしたことがあります。ほとんどの方が運動できるところ、趣味が楽しめるところと回答されていました。

しかし講師の先生は「ディスコクラブのデイサービスがあったら行く」とおっしゃり会場の人たちがざわついたのが印象的でした。介護保険の特性上、現状ではデイサービスをディスコにすることができません。しかし地域にあるお店や飲食店と役所が協力し、地域でイベントをすることはできるのではないかと考えます。

また現在では幼少期からダンスを習う方も多いため、今後はデイサービスの運動の種類にも変化があるかもしれません。もしかしたら本当にパラパラ（※パラパラは、1980年代後半に日本で発祥したダンスの一種である。上半身は手や腕を動かす一定の振り付け（以下、パーツと称する）の組み合わせ、下半身は２ステップと称される左右移動で構成される特徴がある。）のような踊りがリハビリに取り入れられたり、ラップ（ラップ（Rap）とは、音楽手法、歌唱法の一つ。「韻律、リズミカルな演説、ストリートの言葉」を組み込み、バックビートや伴奏など様々な方法で唱えられる。）を活用した発声練習のリハビリをする時代がくるかもしれませんね。

イメージの変化

一昔前の介護は３Ｋと呼ばれ、介護を受ける側・提供する側にとってもいいイメージではありませんでした。しかし近年では多くの明るい趣味をもった高齢者が元気に生活され、以前のような介護を必要としない人も増えてきました。先ほど紹介したように高齢になったからといってデイサービスに通うのではなく、自分に合った通える場所を自分で探し、選択をする時代になりました。

また介護を提供する側では、介護に対するイメージや先入観を変えようと地道に活動を続けてきた介護従事者も沢山います。

介護に対するイメージを変えるために施設の雰囲気を工夫されたり、事業所の名前を変えてみたり、会社によっては従業員の制服を変えてみたり、様々な工夫をされています。

在宅介護でも工夫をされ、介護について知識を深めようと努力されているご家族も沢山いらっしゃいます。

そのおかげで、少しずつ介護に対するイメージが変わってきたのではないでしょうか。

介護保険の利用や社会資源の活用を行いながら、楽しい生活を過ごせるように明るい趣味を持つことが大切です。つまり多くの選択肢があるほうが楽しい生活ができ、疲れないで暮らすことができるので次章で詳しく紹介させていただきます。

第3章

介護疲れ
克服マニュアル

選択肢を増やして視野を広げる

この章では介護疲れをどうやったら克服できるのか具体的な方法について説明をしていきたいと思います。私の考える介護疲れを克服する方法は「選択肢を増やして視野を広げる」ことだと思っています。ただ、「選択肢を増やして視野を広げる」と言われても何をしたら良いのか分からないかと思います。

ズバリ、私はコーチングとリフレーミングとタイムマネジメントが「選択肢を増やして視野を広げる」ため方法だと思っています。このコーチングとリフレーミングとタイムマネジメントについてこれから詳しく説明をしていきたいと思います。

選択肢を増やす

介護疲れの大きな原因は終わりのみえないところにあります。毎日毎日辛いループから抜け出せず、苦しみ、心まで疲弊します。次第に嫌なことが続くと目の前の現実から逃げ、介護を放棄します。

そこで介護疲れを克服するためには選択肢を増やすことが重要です。選択肢を増やして視野を広げることで見えてこなかったものが見えてきます。

例えば人間関係の悩みがあったとします。職場でもプライベートでも誰しも人間関係で悩むことはありますよね。それに職場の人間関係で悩みを抱えていると仕事に支障が生じるだけでなく、心身の不調にもつながるおそれがあります。

「あの人と会うの嫌だな」と思えば、会社に行くのも嫌になってきます。プライベートでも家族や友人との人間関係に悩むと遊ぶのが嫌になったり、出かけるのが嫌になったりとだんだん疎遠になり、会うことすらしなくなります。そんなとき、小さなコミュニティにこだわらず、関わる人の数を増やして、視野を広げていくと、自分は案外ちっぽけなことで悩んでいたんだと気がつかされることがあります。視野を広げるとこんなちっぽけなことで悩んでいたらダメだなと気がつくことがあるものです。

ストレスからの解放

選択肢があったほうがストレスはかかりにくく、逆にこれしかないとおもうとストレスがかかります。

ケアマネは支援の際、多くの事業所を本人・家族に紹介させていただきます。例えばデイサービスでは本人に合ったデイサービスをいくつか紹介させていただき、本人・ご家族に決定をしてもらいます。

あなたの行けるデイサービスはここだけですという状況と、あなたの行けるデイサービスはこの本に載っていところ全部いけますという状況では選択肢が大きく変わってきます。決められたところにいくのか、自分で選んでいくのかでは結果や効果も大きく変わってきます。

また多くの選択肢から選んだ結果、うまくいかなかったときも、失敗しちゃダメとおもったら窮屈に感じますが、失敗してもいいとおもえたら気が楽になり、さらに選択肢が増えます。

つまり自分で選んだ選択はストレスがかかりにくいということです。

そうはいっても誰だって最初から選択肢を増やすことができていたわけではないですし、視野が広かったわけではないはずです。できないのではなく、できる理由を楽観的に考えることが大切です。

そのためには楽観的に物事をとらえられるようにトレーニングをする必要があります。

楽観的に物事をとらえられるようになるための方法を紹介します。

コーチングで克服する

コーチングとは

コーチングとは自発的行動を促進するコミュニケーションのことをいいます。コーチという言葉は、もともと「馬車」のことを指し、「大切な人をその人が望むところまで送り届ける」という意味で使われていました。そこから「人の目標達成を支援する」という意味で使われるようになりました。

コーチングをする人（コーチ）はコーチングを受ける人（クライアント）に、

・新しい気づきをもたらす
・視点を増やす
・考え方や行動の選択肢を増やす
・目標達成に必要な行動を促進する

ための効果的な対話を作り出します。

ここで重要なのは、コーチがこれらを先導したり強制したりするのではなく、相手が主体性

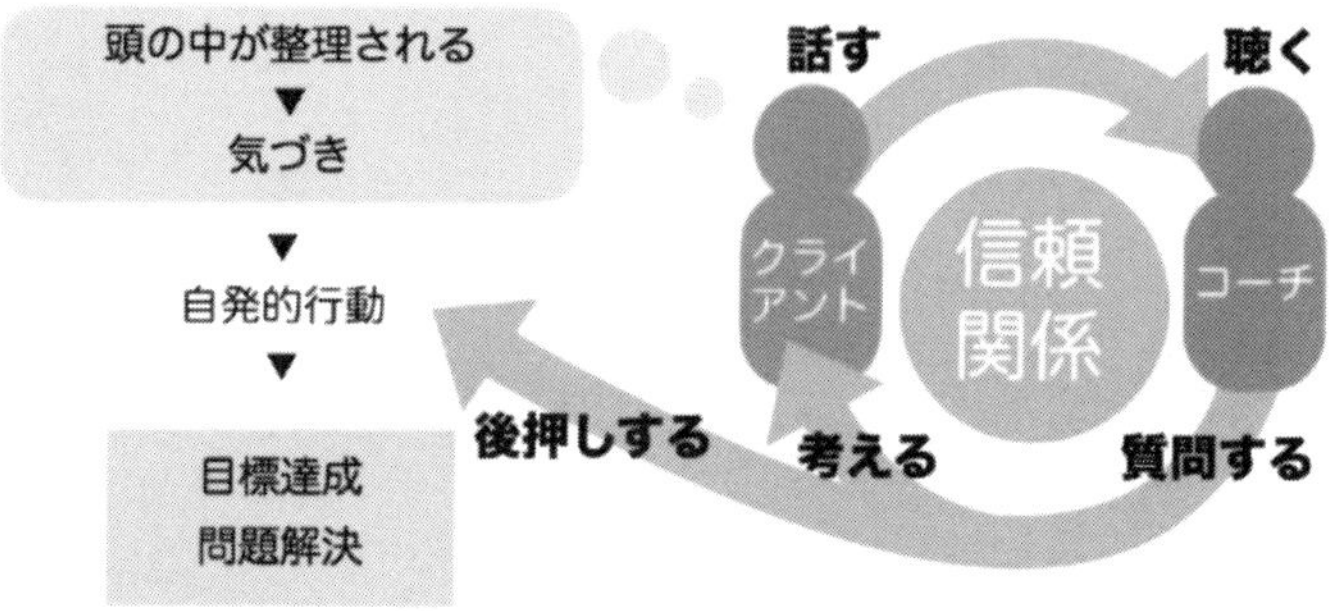

コーチＡアカデミアHPより引用

を持ちながらそれを実現するところにあります。

そのため、コーチングでは、基本的に「教える」「アドバイスする」ことはしません。その代わりに、「問いかけて聞く」という対話を通して、相手自身から様々な考え方や行動の選択肢を引き出します。

コーチングで自信をつける

誰もが初めての出来事に取り組むとき、自信がないことが当たり前です。初めての職場では雰囲気になじめるかなとか、行動して失敗したらどうしようとか、上手く話せなかったらどうしようとかおもいますよね。

それらの不安を克服するために大切なのが自信のつけ方です。自信がもともとない人には、過去にあったものから探すことをすすめます。なにかと言うと、もともとの性格から探すことです。幼少期の上手くいった経験や体験をもとに考え方を変えてみると良いでしょう。

司会進行や講師では、会議や研修が失敗したらどうしよう、うまく話せなかったらどうしようなど悪いイメージばかりが先行してしまいます。

でもコーチングを学び、根本的に考え方を見直してからたとえミスをしても、積極的に話をするようになりました。たとえ違っていくも、ミスしても。

すると少しずつ行動が変わり、結果、話をすることが嫌だったことが嫌でなくなり、発表することにも自信がつくものです。結局のところ自信をつけるのに根拠はいらないものです。子どもは根拠なくてもテストで100点とれるとおもう子はいるし、運動でもやったことなくても、いきなりホームラン打てるかもっておもう子もいます。自信をつけたいとおもったとき、最初はそんな気軽な気持ちでいいとおもいます。

根拠のない自信がチャレンジする行動力をくれます。

自分を変える

コーチングで自信をつけて行動をすることで、自分自身を変えることができます。

私は多くの人に相手を変えるのではなく、自分を変えようと指導しました。しかし「自分を簡単に変えれないですよ」と言われることも多々あります。

例えば、介護の現場ではコミュニケーションをとる時間も豊富で、人によっては業務以上にプライベートの話で夢中になってしまう方もいます。

「話が長く、仕事もしないで、しゃべってばかりでダメな人」という場合も、ダメな人を変えるよりも前に、ダメだと思い込んでいる自分自身を変えることをします。

コミュニケーションの場面では相手以外に話を聞いている自分も当然います。自分の行動や発言はどうだろうか？その話相手をしたり話を長引かせるような回答や質問をしていないか？等、考えることで自分自身のことを振り返ると、「あれ？自分もしゃべってるんだな」ということに気が付きます。

そこで私は相手のできていないところばかりをみつめ、できるように指導するのではなく、自分自身の気の緩みをなくそうと考え方を変え行動しました。静かに整理整頓や仕事をすることで言葉以外でも相手に伝えられることがあると感じました。自分が黙々と集中していると案外おしゃべりに花が咲くことはなくなります。

つまり自分が変わるためには行動を起こす必要があります。

なかなか自分を変えられない人は「いつかやろう」が口癖で、言い訳ばかりでなにも行動に移しません。自分を変えるためにはどうしたらいいのか悩んだときは、考えるよりも即行動することを心掛けてみてください。ほんの些細な行動でも変化が生まれれば自分を変えることは必ずできます。

伝えたいことをしぼる

介護の仕事をしていると専門職が、利用者側に説明や話が長いことがよくあります。これもできます、あれもできます、これはできません、あれはできませんなど一方的に説明を行います。自分の知識の豊富さを自慢するかのように多くを説明します。けどほとんどの人が介護保険については無知ですし、初めてのサービス利用です。初めての人からしたら、いろんなことを急に沢山話されても理解できません。それに話が必要以上に長くなってしまうと、聞き手の集中力は著しく低下していきます。集中力低下からか、ぽかーんとされながら説明を聞いている利用者様もよくお見かけしました。多くのことを伝えたいものですが、こちらの願いとは裏腹に、そんなに多くは伝わらないというのが現実です。

ようするに説明のときは、できるだけ手短に、かつ、わかりやすく説明することが求められます。となると、多くのことを説明するのではなく、伝えたいことをしぼる必要があります。話し合いの際には、まずは、伝えたいことをしぼります。限られた時間内で、あれもできます、これもできますと話すと焦りも生まれるし、余裕がなくなります。逆に話す内容をしぼると、「今日はこれだけを伝えればいいんだ」という余裕が生まれます。余裕が生まれれば、伝え方も変わり、気持ちも楽になります。

つまり伝えたいことをしぼるためには、聞き手側に「何を持って帰ってほしいか」にしっかりと目を向け、聞き手の立場になって考えるということが必要です。

リフレーミングで克服する

リフレーミングとは

リフレーミング（reframing）とは、ある枠組み（フレーム）で捉えられている物事を枠組みをはずして、違う枠組みで見ることを指します。

すごく簡単に言うと、ものの見方を変えるということです。

見方は人それぞれに違うもので、イラストのように、コップに水が入った状態でも、半分もある！　と考える人もいれば、半分しかない・・・と考える人もいます。

リフレーミングには状況のリフレーミングと内容のリフレーミングの２種類があります。

株式会社ジェイック取締役　古庄 拓　webサイト参照

状況のリフレーミング

状況のリフレーミングは「置かれている状況を改めて捉え直して、自分にとってプラスの状況に転換する」というものです。

介護現場で例えると、介護現場でも人事異動はあります。在宅系サービスでは働く事業所が変更になったり、施設系サービスでは担当フロアが変わったり。そんな時「異動するの嫌だな」とネガティブにとらえる人が多くいます。

しかし異動することで新しい出会いに恵まれることもあります。新しい環境で自分らしさを発揮することができましたと報告を受けることもあります。また家族介護では毎日食事の準備が大変な状況でも、お食事を作り続けることで、栄養バランスが整ったり、調理が上手になり自分の作れる種類が増えたり、インスタなどで友達と苦労を共感できたり、嬉しいことは良くあります。

「今置かれている状況」では、うまく行かないかもしれないけど、「別のある状況」だったらうまくいくかもねと考えたら気が楽になりますよね。つまり状況が変わることは決して悪いことばかりでなく、逆に自分らしさを発揮することで成長を続ける人は状況のリフレーミングを上手く活用できているといえます。

内容のリフレーミング

内容のリフレーミングは「出来事の意味を見直すことで価値を見出す」というものです。別の言い方をするとものの見方や考え方の角度や切り口を、少し変えてみるやり方です。

例えばケアマネでは膨大な量の書類業務があります。初めてケアマネ業務についたとき、書類の量にぞっとしました。けどやっていくうちに、ＰＣスキルがあがり、アセスメントがしっかりと行えると、嫌で嫌で仕方なかった業務が少しずつ楽しくなり、前向きに捉えて取り組むことができました。はじめは嫌だったけど前向きに取り組んだ結果成果が上がったなんて経験がある方も多いのではないでしょうか。嫌だなとおもう内容の出来事もプラスの内容に変換することで、人として成長することができるでしょう。

家族介護では家族から「親父って本当に短気なんですよ」って相談を受けたこともあります。しかし「短気」という見方も別の見方をすれば「自分の気持ちを表現できる」「感情豊か」なんてとらえ方もできます。

見方を変えるためには見え方を変える必要があります。つまり「視点を変える」ということです。私が好きなディズニー映画にベイマックスという映画があります。特に好きなシーンは主人公の天才少年ヒロは自分のアイディアに行き詰ったときお兄さんに「Look for a new angle.」（見方を変えてみるんだ）と言われるシーンです。

人はついつい自分が見ているものが正しいと思い込みます。その視点を変えてみたらどうか？他の人がみたらどうか？　逆さまにみたらどうか？　という具合です。視点が変わると、「フレーム」が変わります。

相手の立場に立って相手を理解する

はじめて介護の現場にたったとき、印象的だったのが、愚痴をこぼしたり、文句言っている人が多いなという印象でした。文句言わずにやればいいのにとおもったことは何度もあります。

しかし愚痴や文句を言えるのも一つの才能だと認めることで、「よく気がつくんだね」とか「その発想はなかったな」とか新たな視点で相手のことを認めることができると捉え方は変わってきます。

文句を言ってくる人を単に嫌な人だと捉えるのではなく、自分にない発想をもっていると捉えることができると自然と自分の行動も変わります。それに介護は個別ケースで一人一人置かれている立場や状況も違うものです。「親の介護はするのが当たり前」と考える人もいますが、家庭環境や育ってきた経緯も違うものです。同じ両親でも、母親に育てられ、父親は子どもの頃から会わないような環境の人では大人になってから両親への介護の携わり方に違いがでるのも当然です。

相手の立場にたって相手を理解するためには、相手の気持ちに配慮する必要があります。

これまでの家庭環境などの背景や経験から生まれる介護に対する考え方は人それぞれ違います。逆に相手の立場に立って考えられない人は、自分の意見を通すことに必死になったり、自分が正しいと考えて意見を押し付けてしまったりします。相手の立場に立って考えられる人は、意見の違いや多様性を受け入れることができます。共に考え行動することができると、新たな取り組みへの一歩が生まれるのではないでしょうか。

そうすることで仕事も介護も楽になり疲れないですみます。

考え方を変えることで意欲が湧く

デイサービスに行く多くの人はデイサービスの日を楽しみにしています。

デイサービスでは様々なイベントがあり、事業所によっては毎日工夫をこらし、レクリエーションの内容を変更しています。通われる方は今日何があるかな。どんなことするかな。どんな会話しようかな。はやくあの人に会いたいなといった気持ちです。でも人によっては行きたくないけど健康のためにしぶしぶ行く人、家族に言われて気を使って行っている人もいます。

なかには行きたくないと意識するあまり本当に体調が悪くなる人もいます。デイサービスに行くのが嫌だとおもうと急にお腹が痛くなったり、頭痛がしてしまうこともあります。すると休みが増え、休んだことを周りの人に聞かれることもつらくなります。

リフレーミングのはじまりの説明では『「今置かれている状況」では、うまく行かないかもしれないけど、「別のある状況」だったらうまくいくかもねと考えたら気が楽になりますよね。』とお話しましたが、この場合、今行っているデイサービスでは、この先もお腹が痛くなったりしてうまく行かないかもしれないが、別のデイサービスにいくことでうまくいき、お腹が痛くならないかもと考えた方を変えることで意欲が湧き、行動も変わります。

またデイサービスを選べるという選択肢も増えるので、自由度が増し、自分自身で選択できるメリットもあります。うまくいくかもと前向きに考え方を変えることで、楽しいと思える時間が増えます。すると、お腹や頭が痛かったのが自然とおさまることもあります。

人は楽しいとおもえるメンタルを作ることができれば、歳を重ねても、デイサービスにいっても、どこでも楽しく生きていくことができます。

苦手意識克服

苦手なことをやらなければならず、気が重く嫌だなとおもう経験は、だれもが一度は経験したことがあるでしょう。

試験、面接、スピーチなど、人にはそれぞれ苦手なものがあります。苦手意識が働く原因のほとんどは“過去の経験から学習するため”です。

例えば、はじめて頑張って記入した介護記録を他者に馬鹿にされたりすると〝もう記録やりたくない〟という学習をします。

あるいは、おもうようにおむつ交換などの介助がいかないと、できなかった体験から〝私にはおむつ交換向いていない〟と学習する人もいます。

一方で、傍から見て無口の人などが対人援助に〝向いていない〟と思われても、本人ができると思えば苦手意識は形成されずに、素敵なケアが行えたりするものです。人それぞれ対象は違っても、苦手意識を抱えているものです。

恥ずかしながら私もケアマネになるまでパソコンはほとんどできませんでした。ですから、パソコンを使った作業は正直苦手でした。時間も人一倍かかり、夜中までかかったり、早朝誰もいない時間から作業することもありました。他のできる人と比べると自分はダメだなとおもうときも何度もありました。しかし、パソコンができる人も、最初からできていたわけではないはず、わからないことも多くて自分と同じように不安な気持ちもあったはず。

そのように枠組みを変えることで〝自分だけではない〟という安心感が生まれます。次第に苦手意識の強かったパソコン作業でも本書を書き上げるだけの入力をすることができました。

介護を行う際には様々な苦手意識が働きますが、「これを乗り越えたら成長できる！」と捉え方を変えることで、気持ちが前向きになり、より介護が楽になるかもしれません。

タイムマネジメントで克服する

タイムマネジメントとは？

タイムマネジメント（Time Management）とは簡単にいうと時間管理のことです。時間の使い方を改善し、業務効率や生産性を向上させることを意味します。

初めに伝えたいことは、介護疲れで悩む人たちの時間の使い方を変える方法は必ずあります。そもそも介護職であれ、家族介護であれ、実際のところほとんどの人が自分の時間を犠牲にしています。家族介護では3章の冒頭で説明したように1日の大半を家族の介護する時間にとられ、休日もほとんど休まることなく、過ごすことがあります。また介護現場では対応に追われる毎日、鳴りやまない電話、山のようにある書類業務の相談を受けることもあります。

訪問介護ではヘルパーさんは朝の起床介助から夜の就寝介助まで入ることもあります。デイサービスの職員さんでは、朝から送迎を行い、日中は午前中に入浴介助、午後にレクリエーションを行い、休憩もほとんどとらずに対応に追われ、夕方にまた送迎を行う。戻ったら書類業務に追われるやっと終わりが見えたときにご家族からデイでの様子のことで問い合わせや苦情をもらうこともあります。こんなことが介護をしていると良くあります。

タイムマネジメントは、効率性や優先順位を考えて行動を進めていくための技術です。タイムマネジメントを身に付けることで介護の効率性があがり、ライフワークバランスの質が高まり、一人一人の生活の質を向上させることができるでしょう。

タイムマネジメントで生産性を向上させる

タイムマネジメントにおける最大の効果が生産性の向上です。

タイムマネジメントでは作業の可視化、適切な優先順位の決定、作業時間の決定を通じて生産性を向上させます。目の前の作業を順番にこなしていくのではなく、優先順位や自分のワークスタイル、下流工程のことまでしっかり考えて仕事に取り組んでいくことが重要です。

朝に集中力が高まる人の場合

介護現場では電話の問い合わせが多くあります。朝の9時を回ると電話が嵐のように飛び交うようにきます。なので朝7時や8時に出勤し、早い時間帯に書類作成を集中して実施することで、少ない投入時間で効率的に作業を終えることができます。

書類作成やファイリングなどの事務処理

事務処理は、準備さえしっかり行なえは手を動かすだけで終わる性質があるため、こまめに処理するのではなく、あらかじめ準備しくいたものを一気に連続処理することで生産性を上げられます。在宅系サービスでは多くの事業所が月末に当月の実績をまとめ、給付管理のため、居宅介護支援事業所に月初に送ります。平たく言えば「まとめてやったほうが楽」ということです。

家事の見直し

家族介護では当然介護とは別に家事があります。家事のなかには、「急がないが重要な仕事」があります。例えば毎日のように料理はするけど、掃除機掛けや洗濯は週に数回でいい場合、「月・水・金で掃除機、火・木・土に洗濯など」と決めて時間を確保することで楽になります。そうは言っても天気とかあるじゃんとおもうかもしれませんが、最近では洗濯機の性能もあがってますし、室内干しでもいいように洗剤の効果も高まっています。

このように自分の時間の使い方を意識していくことで、仕事のやり方や、家事のやり方、同じ時間を使うにしても、効率を高めたり、仕事自体の生産性を向上させます。

仕事を見直す

生産性を高めるためには業務プロセスを見直すことも大切です。介護の現場は人材不足です。少ない人員で業務を行うためには仕事を見直すことは必要不可欠です。

業務改善にあたっては、ＥＣＲＳの原則が効果的です。排除（Eliminate）、統合（Combine）、交換（Rearrange）、簡素化（Simplify）の順で業務改善を検討していくことで、大きな改善効果が期待できます。施設で実際に行った、見直し例を紹介しながら解説していきたいとおもいます。

ＥＣＲＳの原則

排除（Eliminate）：作業をなくせないか？

施設では日曜日も入浴介助を行うこともありました。しかし、パートさんや派遣さんが日曜日は休みであったり、どうしても日曜日は人手不足となり、日曜日の入浴介助をなくせないかと考えました。

統合（Combine）：別々で行なっている作業や工程を一つにまとめられないか？

週7回で行っていた入浴介助を週6回にまとめられないかと考えます。

交換（Rearrange）：作業や工程の順序を入れ替えられないか？

それまで男女時間帯を変えて入浴介助を行っていたことを曜日で決めて、男性の日、女性の日に交換しました。

簡素化（Simplify）：作業をもっと簡単にできないか？

例えば、入浴介助のときにはストレッチャーまでの移動が難しく人によっては4人がかりで移動を行います。その際にスライドボード（スライドシート）の購入を行い、人数を減らしたり、作業を簡単に行えるように工夫します。また小さな変化かもしれませんが入浴中に使う液体ソープを泡タイプのものに変更します。泡立てる時間の短縮につながります。ほかにも、バスマットの変更や髪の毛を乾かすときに吸水性の良いタオルを使用したり、ドライヤー事態も安価で乾きにくいものから乾かしやすいものへ変更を行いました。

小さな改善のようにも見えますが、介護現場にはこのような改善が必要な項目が複数存在します。会議などの話し合いの多さ、書類作成の膨大さ、などなど取り組めるべき改善項目は必ずあるはずです。改善を積み重ねることで上手な時間管理に必ずつながります。

重要性が高いことに時間を使う

タイムマネジメントを実践するためには、優先順位を意識して時間を使うことがとても重要です。優先順位の高い業務に多くの時間を使い、優先順位の低い業務には時間を割かないようにしましょう。

効率性と効果性を区分する

タイムマネジメントで生産性を上げようとすると、どうしても効率に注目してしまいがちです。もちろん早くやろうとスピードを意識する取り組みは重要です。しかし効率化だけの取り組みでは生産性を高めることには限界があります。介護疲れを克服するためのタイムマネジメントの目的は、時間の使い方を変えることにあります。

必要なのは生産性を高め、疲れない介護を長期的・継続的に成果として得ることです。そのため効率性だけでなく、効果性も重視する必要があります。例えば、雑談のような一見無駄に思える時間でも、じつはご利用者様のアセスメントにつながったり、共に働く仲間のチームビルディングにつながったり、お互いの信頼関係構築につながっていたりします。

効率性だけでなく、効果性を考えながらタイムマネジメントを行なっていくことが大切です。

タイムマネジメントで自己効力感の向上

タイムマネジメントができないと、目先に飛び込んでくる介護に追われている状態になりがちです。なかなか自己効力感が持てず、自己嫌悪から仕事への自信やモチベーションが低下する可能性もあるでしょう。

自己効力感（self efficacy）とは簡単にいうと自分ならできるとおもうことです。

元々は、心理学者・アルバート・バンデューラ（Albert Bandura）氏が提唱した概念です。バンデューラによれば、人がある行動をしようとする時、２つの予測が働くと言います。一つは自分のとる行動によって、ある結果が生じるという予測（＝結果予測）です。二つ目は、うまく行えるかどうかという自分の能力に対する予測（＝効力予測）です。この効力予測を左右するのが「自己効力感」です。

そもそもできるとおもわなければ、いい結果はでません。できないとおもって行動すると必然と結果も悪くなるものです。

スポーツで例えるとサッカーではボールに追いつくとおもって追っかけなければボールに触れることさえできないですし、野球では打てるとおもってバットを振らなければ当たりません。どちらも追いつくとおもうから、打てるとおもうからいい結果が出るものです、

何にせよ、行動することができなければ、成功はありません。むしろ、行動すれば、失敗は付き物でしょう。しかし、失敗から学ぶことができるのも、人間の特性でもあります。ですから、とにかく行動することができなければ、成功や失敗を通した成長もないわけです。このとき、たとえ結果予測ができたとしても「自分ならやれる」という効力予測ができなければ、行動は起こせません。すなわち「自己効力感」が貧弱だと、行動することができず、成長することもできないということです

自己効力感は介護予防にも重要です。個々にケアプランの作成を行いますが、他者との比較ではなく、その人に合った小まめな目標を設定していきます。いわゆる長期目標・短期目標と言われるものです。目標を考え、達成していくことで、できたという結果を受け止められることが重要です。あるいは、デイサービスに通おうとおもったときには自分よりもずっと年配の方や大変な状態にある方が頑張っている姿を見ることで、意図的に「自分もできるかもしれない」と感じられる環境を作るという方法も取られています。

デイサービスに通うことは自分には「無理だ」と決めつけていた考えも、「もしかしたら通えるかも」と自然な形で考えを変えることも大事なのです。

実際に１００歳すぎてからデイサービスに通い始めた人や、やったことのない将棋や囲碁に取り組まれる人もいらっしゃいます。

できることにフォーカスをあてることで自分の時間を作る

リハビリでの例を１つあげさせていただきます。

リハビリを懸命にされていた方がいました。どうしても左足がすり足になりがちなんだよね。と相談を受け、理学療法士さんと検討した際のことです。

理学療法士さんは「左足あがってないよ」と指摘するのではなく、「右足のあがり方いいですね」とできていることに視野をむけることで本人のやる気も引き出し、右足のように左足が上がるためには左足をどう動かしたら改善するのかを考え始めました。本人の歩行状態の悪いところに意識をむけるのではなく、本人のできていることに意識を向けることで、自然と悪い所にも視野が向き、できるようになります。

リハビリに限らず、仕事でもプライベートでも人のクセをみているとつい、ダメなところに目が行きがちになります。指摘事態が絶対ダメというのではなく、指摘しても治らないなら、指摘ではなく逆にできていることを認めていくことも大切です。結果的にうまくいったり、改善できることは多々あるものです。

タイムマネジメントがしっかりできていると「自分の時間を大切にできている」実感を持てます。介護現場ではシフトが上手く作れたときや、休日前にしっかりと業務を終わらせられたとき、「上手くできた」という実感が生まれ、自己効力感も向上します。自己効力感の向上は、もっと多くの業務を積極的にこなしたり、難易度の高い業務にチャレンジしたりする意欲につながります。

スキルアップ時間の確保

タイムマネジメントができず自分の作業を把握できていない場合、その日の業務終了時間が読めなかったり、時間に追われることが多くなります。するとスキルアップの時間を確保するのも難しくなり向上心も次第に薄れていきます。よく言われるのが、研修や勉強会などに参加できないケースです。

介護職に限らず、一般の方向けの研修会や勉強会は世の中に沢山あります。

またオンライン研修が急速に進んだこともあり、気軽にどこからでも出られる便利な時代になりました。

けれども多くの人はタイムマネジメントがうまくいかず、自分のスキルアップにつながるための研修に参加することができていません。

しかし、タイムマネジメントで効率化を図れば時間はもちろん、精神的にも余裕が生まれ、スキルアップの時間を十分に確保できるようになります。

プライベートの充実

タイムマネジメントができると時間に余裕が生まれるため、家族・友人と過ごす時間や自分の趣味を楽しむといったプライベートにも良い影響をもたらします。

家族と過ごす時間

家族団らんの時間を大切にしたり旅行に行くこともプライベートの充実には欠かせません。

子育てではコロナ禍以降子どもが知らない人と交流するのは難しく、子どもと社会の接点は想像以上に少なくなっています。偏った狭い世界で生活すると、些細なつまずきに悩んだり、悩みを解決できず大きな問題へと発展しかねません。

子どもが知らない外の世界との接点を親が積極的にもてるように心がけてあげることが大切です。

友人と過ごす時間

友人と過ごすこともおすすめです。あまり会えなかった友人とも会うことができたり、飲みにいったり、遅くまで語りあったり。そもそも友人がいないという人は友達づくりをするのもプライベートを充実させるいい方法なので『ＳＮＳを使ってサークルに参加』『地域の活動に参加』『共通の趣味を通じて参加』など、自分から積極的に初めての人と出会う機会を作ってみることを勧めます。そうすることで新しい友達ができて仕事以外のコミュニティが広がります。

仕事の関係ではない気を許せる人と過ごす時間はなによりも楽しい時間です。

自分の趣味を楽しむ時間

誰にだって自分の好きな時間はあるはずです。自分にとっての大切な時間、自分と向き合う時間は必要です。なによりプライベートを充実させるには、自分が喜ぶことをとことんしてあげるのが１番です。つまり笑顔になっている時間を増やすということです。

それに加えてワクワクするような新しい発見をすることがさらにプライベートの充実を加速

させます。心から楽しめる趣味を持つことがプライベートを充実させる１番の方法です。趣味がないという方は、子どもの頃に好きだったことを考えてみると簡単に趣味は見つかります。例えば子どもの頃、体を動かすことが好きならスポーツや登山など、アウトドアな趣味もいいでしょう。子どもの頃、ゆっくり過ごすことが好きだったのなら映画、読書、ゲームなど一人で楽しめるインドアな趣味を持つのもいいでしょう。自分にあった趣味を見つけることでプライベートは充実します。なにより大切なプライベートの時間が充実すれば心身を休ませやすくなり、メンタルヘルスの向上にもつながりますので仕事や介護にもいい影響がでます。

自分の時間の使い方を知る

時間を管理するうえでは、自分がどのように時間を使っているかを知ることが必要です。使っている時間を記録することでどれだけ無駄にしている時間があるかを把握でき、タイムマネジメントを実践できるということです。案外急な依頼は記録していないことも多いものです。

自分の時間の使い方を知る方法

1、時間の記録：手帳やスマートフォン等を使って時間の使い方を記録する。

2、時間の整理：自分で調整できる時間の無駄遣いを整理する。
3、時間をまとめる：隙間時間に自由に使える時間をまとめて、連続したまとまった時間を作る。

視野が広がると

コーチングを学ぶことでコミュニケーションに変化が生まれ、リフレーミングを行うことで視点を変えることができます。またタイムマネジメントを学んだことで時間の使い方を見直し、業務の効率化を図ることで時間の大切さを知ることができました。

私は選択肢を多くもつことで、視野が広がり、沢山の良い出会いに恵まれることができたのです。ケアマネジャーとして多い月に20人以上の新規の方と出会い、困難な出来事や大変な悩みを都度解決してきました。

そんな素敵な出会いから学んだ事例をいくつか紹介したいとおもいます。

第４章

介護疲れ克服マニュアル（実践編）

ここからは私が出会った具体的な事例を紹介していきたいとおもいます。個人情報保護の観点から1部内容や言葉の表現を変更しながら事例紹介を行いたいとおもいます。

ゴミ屋敷

ゴミ屋敷の実体

ケアマネは各ご家庭に訪問します。家の環境は当然ですが、広さも築年数もそれぞれ異なります。老朽化が進むご自宅では、床が抜けていたり、アパートの共有スペースが破損していたり、階段が崩れそうな家もあります。また地盤の影響からか傾いている家もあり、30分程度滞在すると船酔いに近い状態になったこともあります。その中でもケアマネになってから衝撃的だったのが、家の内外が足の踏み場もないほど、物で覆われている家があったことです。

いわゆる「ゴミ屋敷」と言われる環境です。近年社会問題にもなりつつあるゴミ屋敷ですが、本人やご家族だけの問題ではなく、近隣住民とのトラブルにつながり、火災や、健康被害にもつながるので、早期に解決したい問題でもあります。またゴミ屋敷と一括りにして話ますが、ゴミの種類もとても重要になります。生ゴミなのか、資源ゴミなのかで対応方法も変わりますし、近隣住民からの苦情の質も変わります。それに資源ゴミであれば近隣住民は気がつかないことも多く、発見が遅れることもあります。例えば生ゴミであれば当然匂いや虫が発生しますので近隣住民から「臭いがひどい」等と役所や地域包括支援センターに相談が入ることもあります。

部分的なゴミ屋敷

また部分的なゴミ屋敷状態の方も多くみられます。

例えば、自宅玄関から本人の寝室までの動線などは綺麗でも、使用していない部屋にゴミが大量にたまっていたりすることもあります。一般的に思い出などを捨てられないという気持ちから物が大量にたまることはあるとおもいますが、部分的なゴミ屋敷の方は食べた物などの生ゴミなども使用していない部屋に大量にためてしまうこともあります。

また１階で生活するので２階は何年も使用せずにゴミが散乱し、虫が発生している方もいらっしゃいます。２階の水回りを使用しないこともあり、水道管等から虫が発生したりすることもあります。ドアなどで２階を締め切っていると開けてびっくりするようなこともあります。

ベランダでも同様に、少量のゴミを放置していたことが原因でいつの間にか、虫が発生し、虫を餌に鳥などが住みかを作ってしまうこともあります。発見が遅れるとベランダ全体が鳥の巣のようになってしまう方もいらっしゃいます。

自宅内での行動範囲以外が片付けられない問題は多く、不衛生な環境が健康状態の悪化につながることもあるので早急に解決したい課題の一つでもあります。

ゴミ屋敷は心の問題

そもそも、「ゴミ屋敷」の状態になってしまうのはなぜでしょうか。

私が担当したいくつかのケースでは

・ゴミ出しの仕方がよくわからない
・死別で独居となり寂しさからものをため込んでいる
・物をそばに置かないと不安

など、それぞれに理由はありましたが多かったのは「ゴミに気がつかない」ということでした。これはなにかというと、外部との交流がなくなり、孤立するとゴミをゴミとして認識できなくなります。人は片付けをする際、必要か必要でないのかを判断しますが、ゴミに気がつかない人の多くは判断をしなくなります。しかも高齢になると視力の低下から細かいほこりなどは余計気がつかず、物が落ちていることにきがつかなくなります。すると次第にゴミがたまっていってしまうという流れとなります。

その人の背景を考えるということはつまり、心の問題と向き合うということです。

心の問題はそれぞれに違うのでゴミ屋敷回収業者のようにことを急ぐ場合もあれば、急ぎすぎずにその人その人の感情や気持ちに寄り添いながら、少しずつ足の踏み場をつくり、動線をつくっていくという作業も大切です。やはり時間をかけた支援が必要になります。

本人が望んだにせよ、望まなかったにせよ、ゴミが置かれた環境は、本人にとって「普通」の環境であり、そもそもゴミでない可能性もあります。ゴミだと支援者が決めつけて支援することは望ましい状況とはいえません。「普通」であった環境が急激に変われば、誰でも不安になりますよね。支援する側が家族であれ、介護保険の関係者であれ、少しずつ信頼関係を築いていく必要があります。それにゴミ屋敷になってしまったことは本人だって苦しいはずです。周囲の人たちがしっかりとその苦しみを理解し心の問題に寄り添う気持ちが必要になってきます。

そこで私が実際に携わったゴミ屋敷の事例について紹介していきます。

書類に埋もれたゴミ屋敷

私が出会った事例を紹介します。80代男性、アスペルガー症候群、要介護2。
ある日地域包括支援センターから新規依頼がありました。
「片付けられなくて困っている人がいる。退院後に家で暮らすのは困難かも」という内容です。

そこで、ご入院中の本人・家族と会うと、「家には戻れない」と話されるため、家の環境確認のため、家族と家を訪問しました。

まず驚いたのがドアを開けると高さ1メートル以上積まれた書類の紙ごみです。玄関からリビングの窓まで約8メートルの長さ積まれていました。一般的な住宅の廊下の横幅は約80～90㎝と言われていますが、その横幅にも足場がなく隙間なくゴミが散乱していたのは衝撃的でした。各居室・キッチンも書類を中心としたゴミで埋もれていました。足の踏み場もない家をどうやって移動していたのか聞くと、ごみの上を這ったり、踏んで移動していたようです。環境改善のために取り入れられる手すりやベッドの搬入は困難であることがすぐにわかりました。

対応方法の提案

自宅環境が改善されないままでは、退院後、自宅で生活ができないため、ショートステイの利用を提案します。ショートステイが決まって、自宅環境の改善について家族と相談し、片付け専門業者に見積を依頼します。片付け専門業者は都内にも多く、見積り事態はわりとすぐに手配することができます。料金もわかりやすく、インターネットをみると数万円～数十万円と記載されており、見積の内容もホームページ記載内容と左程変わりありません。

しかしながら、見積提示をみても今までの環境を大きく変えることについては抵抗があり、本人はなかなか納得されません。本人は「大事な書類だってあるんだ。勝手にいじるな！」と話されます。

そこで今後の住居についてどうするか本人・家族と何度も話し合いを行いました。本人と話し合う中で苦戦したことがいくつかあります。

まず課題だったのが面談日の調整です。ご本人は建設会社で休みなく働いたことが誇りであり、時には会社に泊まり込みをし、１週間くらい家に帰れないことはざらにあったそうです。ケアマネとの面談については「おまえの休みはいつだ！」と言われ、日曜日は休みですと回答すると「ならおまえと会うのは日曜日だけだ。それ以外の日は会わない！！」と怒鳴られました。日曜日に定期訪問を行っても、床に正座しろと言われ、２時間ほど正座しながらお話を伺ったこともあります。

次に課題だったのが、この先の住居について検討をすることになったときです。

私が施設のパンフレットを持参すると「これはダメだ」と何度も言われ、パンフレットを渡すと、投げ捨てられます。本人の提示する条件も厳しく施設が綺麗で月額が安く、日当たりをはじめとした部屋の向き、広さにもこだわりがあり、提案はことごとく断られました。ケアマネとして正直に言えば何度も泣きそうになり、心が折れそうな日もありました。

しかし支援を重ねるごとに、ご本人も少しずつ心を開いていただき、本当の気持ちに触れることができたのです。本人は、「俺は家族との時間を大事にしてこなかったから、老後家族とどう過ごしていいかわからなかった。誰に相談していいのかもわからなかった。仕事しかしてこなかったから、趣味もなければ友人もいない。ふと気がつけば、妻は出ていき、家はゴミがたまり、一人になる時間が増えた。」と話されるようになります。

少しずつ気持ちを話していただけるようになり、支援当初投げ捨てられたパンフレットは時間をかけながら少しずつ中を見ていただけるようになり、施設について何度も話し合いを行い、本人の希望条件だけでなく、変更可能な部分を交渉できるようになりました。

交渉を重ね、施設が決まり、入所の当日、本人と話しをすると、「俺は寂しかったのだとおもう。家族に見捨てられたそうになったのも自分のせいだと心のどこかではわかっていたんだとおもう。諦めずにこんないい施設を見つけてくれてありがとう」と別れ際に言われたとき視界がにじんだことをよく記憶しています。

また頑なに拒否されていた、自宅環境整備についても、自分自身の住む家が変わったことで気持ちに変化が生まれました。本人より片付け専門業者への依頼を承諾していただけて、本人の大事な書類については一か所にまとめ、整理が行えたことを家族から確認することができたのです。

今回の事例ではショートステイ・施設・片付け専門業者が登場しました。しかしながら、部分的なゴミ屋敷も存在すると説明させていただいたように、早期発見と早期対応が重要になってきます。

例えば本人がゴミを捨てられなくて困っている場合は、捨てられるようにサポートすることで問題解決に向かいます。ヘルパーさんに単に片付けをしてもらうのではなく、本人とヘルパーさんで一緒にゴミの仕分けをしながら片付けをするなど自立を促すのも効果的です。するとヘルパーさんがいない時間帯でも片付けをしようと気持ちに変化が生まれます。また不安や寂しさからゴミがたまるのであれば、不安にならないこと、寂しさを感じないサポートをしながら環境を整えていく必要があります。例えば家を片付けることとは相反するとおもうかもしれないですが、デイサービスなど外にでて人との交流をすることで寂しさを解消することも不安解消には効果的です。

環境が整っていないなど、誰もが対人援助をしていれば困難に当たることがあります。本当の悩みや本音を誰もがすぐに話してくれるわけでありません。根気強く、本人・家族と関係性を気づきながら支援を続ける必要があります。その人の本音を聞きながら、地道に寄り添う気持ちが大切です。

老老介護

老老介護の実体

ケアマネはご夫婦を担当させていただくこともあります。ご夫婦のみで生活をされ、困っている方々は大勢います。また親子で住まれ、子どもが65歳以上の方も大勢います。老老介護とは、65歳以上の高齢者を65歳以上の高齢者が介護している状態を指します。

しかしながら、今時の令和を生きる65歳は元気な方も多く、健康意識の高さから実年齢より若い方は沢山いらっしゃいますので、本書を読まれた方の中には不快に思われる方もいらっしゃるかもしれませんが、お許しいただけたらとおもいます。

例えば、65歳以上の妻を65歳以上の夫が介護している状態、65歳以上の親を65歳以上の子どもが介護している状態など、さまざまな事情で老老介護をしている世帯が増えています。

厚生労働省は『2019年国民生活基礎調査の概況』を発表しました。それによると、自宅で介護を受けている高齢者のうち、介護者もまた65歳以上である「老老介護」の割合が全体の59・7%を占めて過去最多を更新しました。更に要介護者・介護者がともに75歳以上である割合も全体の33・1%を占め、これまで行われた同調査の中で最も多くなっています。

在宅生活を続ける上で家族はとても重要です。家族というのは他には代えられない、かけがえのない大切な存在です。

しかしながら、そのかけがえのない家族の絆を崩壊しかねないのが老老介護の実体です。

精神的にも身体的にも疲弊

老老介護は、家族にとって精神的にも身体的にも疲弊してしまう傾向にあります。

例えば精神面では、介助者側のおもいが要介護者に伝わらなかったりします。よかれとおもって準備したものをあたかも自分で準備したかのように対応されることもあります。また自分一人で介護をしなければならないケースも多く介助者側が要介護者の言動に我慢ができなくなるなどの問題が生じます。身体的にも非常に疲弊が激しくなるのが老老介護の特徴です。

一度介護したことのある人であれば、介護が身体的にどれだけ大変であるかということはご理解いただけるかとおもいます。共倒れになりかねないというのが現実です。年齢的に若くても大変な介護を、高齢になってから、はじめて介護する人もいます。当然、精神的・身体的負担に耐えられなくなることが多くあります。

そうなると介護を放棄してしまったり、先ほどのゴミ屋敷のように自宅環境が悪化することもあります。

老老介護は選択肢が少ないことが問題

「介護は家族がするべき」と教えこまれた世代も多く、老老介護でも自分一人で抱え込み、無理をされるケースも多く存在します。親族の協力を得られず、介護の負担を一人で抱え込む状態、誰にも相談できずに苦しむ方は大勢います。また一人一人対応の違う介護を自分一人で抱える辛さは当事者にしかわからないこともあります。

そしてコロナの影響もあり、近年、近所や地域の交流が薄れ、親族との関係も疎遠になりがちです。そのため、介護を手伝ってくれる人が減少するだけでなく、交流が減ることで、相談相手がいなくなり、精神的なストレスの増大に繋がります。相談相手がいることで、新しいアイディアが生まれ、気分が晴れることもあります。

介護に時間を取られると趣味などいままで楽しめていたことができなくなるので、精神的に余裕が失われていくことにも注意しなければなりません。つまり、精神的にも肉体的にも余裕をもつためには、信頼できる相談相手を見つけ、選択肢を増やす必要があります。そんな選択肢を増やすことで、生活に変化をもたらすことができた、私が実際に携わった老老介護の事例について紹介していきます。

認知症が進行する夫を支える献身的な家族

妻）要支援1　夫）要介護2、80代、アルツハイマー型認知症

認知症は、認知機能の障害によって社会生活などが困難になる病気を総称したものです。代表的な疾患がアルツハイマー型認知症ですが、他にも脳血管性認知症、レビー小体型認知症、前頭側頭型認知症など、さまざまな種類の症状があります。

私は要介護認定を受けられているご夫婦を担当させていただきました。今回の事例では夫婦で初めての介護保険サービス利用でしたが、歩行状態改善や運動に対する意欲が高く、夫婦でデイサービスに定期的に通うことになります。夫は外部との交流は上手で、人見知りすることなく、礼儀正しくデイの職員さんに挨拶など対応されます。

物盗られ妄想

夫は少しずつ認知症の進行から物盗られ妄想がはじまり、現金や通帳がないと話されるようになります。特に自宅内では自分の空間であることから、身近な人に攻撃的になってしまう傾向があり、妻への発言はエスカレートしていくようになりました。

本人が盗まれたと話すものの大半は、実際に存在しなかったり、置き忘れたり、自分でしまっ

たりすることがほとんどです。例えば夫が「財布がない！」と主張され、「何色の財布ですか？」と尋ねると実際にはその財布は存在せず、本人が主張されていた財布は何十年も前、若い頃に使用していた財布だったこともあります。また寝室に置いといたはずの財布がないと主張されると、リビングに置き忘れたり、玄関に出かけるように準備されたカバンの中に入っていたりします。

物盗られ妄想が進行すると財布だけに限らず、通帳や貴金属のように大切にしていた物のほとんどが物盗られ妄想の対象となります。そして、盗られたとおもうものがみつかれば、夫は少し落ち着いていた時期もありましたが、認知症の進行から盗られたと主張する物をみせても「それじゃない」と一方的に否定されるようになります。物盗られ妄想で盗んだ人とされるのは、介護をしている時間が長い人が多いと言われています。今回の事例では妻がその対象となり、夫からは犯人扱いにされることが頻繁に起きるようになりました。

このような状況が続けば当然家族は疲れますよね。認知症をよく理解したって疲れるものです。叱ってはダメだと言われても叱ってしまうのが現実です。そんなの教科書通りに現実はいかないものです。だから疲れないために相談できる相手をしっかりと見つけることが大切です。

対応方法の提案

相談できる相手というのは何もケアマネだけではありません。ケアマネになんでも相談とおもう方もいるかもしれませんが、例えば施設入所となると地域が広範囲の可能性や入所までの段取りも必要になってくるため、より高度な専門的知識が求められます。

そこで、施設入所案内を専門とした相談員の存在が必要になります。認知症の進行からだんだんと夫婦での生活が難しくなり、入所を視野に暮らし方を変えていく必要性を検討します。

相談員を紹介し、本人・家族とパンフレットや資料をみながら具体的なイメージを膨らませて、見学にいくことになります。施設を見学すると満足そうにされることもあり、スムーズに入居に移るかとおもうと、本人からは「まだまだ大丈夫だよ」と入所拒否が始まります。

しかしながら妻は精神的に疲弊し、夫に入所してほしいと伝えるが「ならあなたが（妻）が入所したらいいじゃないか」と妻に対しても口調が厳しくなります。

こういったときにも家族だけで本人に説明すると感情がどうしても入り、口論となってしまうため、ケアマネや親切丁寧な相談員の存在が大事です。そもそもケアマネや相談員は相談を受けながら様々な提案をすることに慣れています。時には交渉もしていかないといけないので、相手との合意に到達するように時間をかけながら対応をします。

交渉において私が大切だとおもうことはベネフィット（顧客が満足すること）を考えること

です。交渉にはメリットの先にあることをしっかりと提示し、理解を得る必要があります。理解を得た上で本人や家族に選択（このケースでは入所の合意）をしてもらうことが大切です。

今回の事例では施設入所を選択することで、自宅にない環境、設備、職員等の内容を理解していただき、その先には夫婦がストレスを感じることなく暮らしていける方法があることを根気強く説明させていただきました。中には施設入所すると、ずっと帰れないのではないかと不安になる事もありましたが、一時帰宅が出来る施設があることや、お盆や年末年始に家族行事で自宅に帰宅される人もいることを説明します。また料金が分かりにくい場合には文章や表にしながら説明します。時には年間いくらくらいかかることや生涯でどのくらいかかるのかなど予算・費用を提案することもあります。

そしてなにより、入所後には沢山の人との交流があり、不安を解消しながら生活することで、幸せに生活できることを話し合いました。

本人の良さを取り戻す生活

無事に入所することができ、本人の生活は24時間365日介護者がいる環境で不安解消につながりました。傍に相談できる職員や入居者がいることであれだけ進行していた物盗られ妄想もほとんどなくなり、穏やかに生活をすることができるようになったのです。

また施設には多くのイベント・行事があり、何十年ぶりかに運動会や夏祭りに参加することができました。幼少期の良き思い出を振り返ることができることもあり、自宅では少なかった笑顔も職員と顔を合わせるだけで当たり前のように笑顔で挨拶をされるようになります。それと同じような境遇の仲間と一緒に生活をすることで、友人ができ、何気ない会話に夢中になることもあります。

入所後も家族とのつながりを大切にでき、自宅では手間暇かけて3食を作ってくれた妻にありがとうも言わなかったのに、施設へ差し入れを持ってきてくれる妻や、面会に来てくれる家族に自然とありがとうと言えるようにもなりました。

妻の充実した生活

妻の生活も激変し、あれだけイライラし、ストレスを抱えていた毎日から解放されます。健康診断の結果も以前と比べ見違えるほどよくなったと伺いました。また趣味の時間に没頭でき、夫の帰宅を気にせず外出する楽しみを満喫できるようになります。以前はできなかった、遠出や気ままに外食にいくこともできるようになります。さらに自宅で夫の心配がなくなることで旅行に行くこともできるようになります。夫に支配されていた自分の時間を優雅に自分のために使うことができるようになります。

それでも夫が心配なときは夫に会いに行くこともできますし、今はオンライン面談を進めている施設も多く気軽に自宅からオンラインで面談をすることもできます。

施設に入所することで失われていた本来の本人や妻の優しさを取り戻すことができたのではないかと私は考えます。もともとは縁あって結婚した夫婦であり、お互いにいい所も悪い所も誰よりも知っている二人です。

認知症の症状が夫婦の仲を悪くしたり、絆を断ち切ってしまうことだってあるとおもいます。一番悪いのは本人でも家族でもなく、生活を変えるための新しい選択肢がなかったことです。一昔前までの家族だから家で介護をするのが当たり前だという考えはとうに終わりました。施設入所はゴールではありません。新しい生活のはじまりであり、環境をかえるきっかけです。新しいライフスタイルを選択することで本人・家族にとって疲れない介護は存在します。

終末期ケア

終末期ケアの実体

ここまでいくつか入所のケースを紹介してきましたが、在宅で終末期をすごすことについてここでは触れていきたいとおもいます。

終末期とは、病気が治る可能性が低く、余命が数ヶ月以内と判断される時期のことです。ターミナル期とも言います。治療を続けても病態が改善する可能性が極めて低いため、終末期に入ると、患者は延命治療をするかどうかを決めなければいけません。

そこで在宅で生活を希望される場合、ケアマネは終末期の方を担当させていただくこともあります。家に帰りたい、病院が嫌だ、家族にこれ以上迷惑をかけたくない、いろんな理由から家で最後を迎える選択をします。

まず終末期に差し掛かったときに考えなくてはいけないのが、「看取りの場所をどこにするか」です。病院から自宅に帰れば延命治療をやめ、お亡くなりになることが想定されます。

それでも本人や家族が望むことについてコミュニケーションを深め、言葉にならないような気持ちまでも察して、ケアマネはプラン構成します。また家族への介護負担は大きく、24時間３６５日介護を必要とする状態となり、いつ終わりが来るかわかりません。この状況での生活が家族にとって肉体的、精神的な疲れにつながります。

家族には相当な覚悟が必要となります。

終末期ケアは意思決定の問題

終末期にかかると患者自身が自分で人生の最期を選択することが難しくなることもあります。

例えば老衰の終末期になれば、高度の衰弱から意思表示が困難になることは普通にあります。また、がんの場合でも比較的元気な状態がぎりぎりまで保たれることもありますが、最後の数週間の時期になると、せん妄も相応の頻度で生じてきます。せん妄も意思疎通が難しくなる病態です。自分の意識がはっきりしている早期の時期から相談機会を増やして、患者自身が周囲に早い段階から明確にご自身の意思を表示することが大切になりますが、なかなか上手くいかないのが現状です。また最期を迎える場所の意思決定でも多くの方は自宅に戻りたいと話されます。しかし、終末期の方を自宅に迎え入れるということは、家族にとって非常に大変な決断となります。

ほとんどの場合、介護の初心者である家族が初めて行う介護が終末期になります。在宅医療を利用すれば、医療職と介護職が連携を図り自宅での生活をサポートします。しかし、看護師もヘルパーもいない時間帯は誰が介護するのでしょうか。

それは家族です。日常の家族対応でも大変ですが、夜間の臨時対応も発生します。先ほどもあげたように、せん妄が生じる場合もあります。せん妄は、場所や時間を認識する〝見当識〟や覚醒レベルに異常が生じ、幻覚・妄想などにとらわれて興奮、錯乱、活動性の低下といった情緒や気分の異常が突然引き起こされる精神機能の障害です。夕方や夜間にかけて発生することが多いです。また、錯乱状態に陥ることによる転倒や、治療に必要な点滴の自己抜去などさまざまなトラブルを引き起こすことも特徴です。
自分の自宅にただ連れて帰るという安易な考えではなく、そうした状況を受け入れる覚悟が必要になります。本人だけでなく、家族の意思決定も重要になります。

在宅のメリット

しかしながら在宅での看取りには沢山のメリットも存在します。

①住み慣れた家での時間

マイホームをお持ちの人は、家を持つことに憧れて、夢を叶えて購入した家です。苦労して、住宅ローンを払い、修繕修理を繰り返しながら、現在の家に住んでいます。人によっては子どもが産まれ、育って、成人して家を出てからも住み続けた家です。当然そんな家に愛着がないわけはないです。

②家族との時間

住み慣れた我が家で家族と共に過ごしながら最期を迎えることができます。また、近年はコロナの影響もあり家族の面会を禁止している病院もあります。本人とゆっくりと最期の時を過ごせるという意味では家族にもメリットはあります。

③自由な時間

病院では行えないようなことも自宅ではできます。例えば医師と相談の上、ある程度好きな食べ物を食べたりすることができます。また好きな物に囲まれながら自由な時間を過ごせます。以前担当された方は、大好きな鉄道模型に囲まれて過ごす方もいました。

④経済的な負担

自宅で療養される方が、病院に入院して最期を迎えるよりも経済的に安く済む場合が多いといわれており、経済的な負担を軽減させることができます。

そこで私が実際に携わった終末期ケアの事例について紹介していきます。

家族との大切な時間

要介護5、心不全の末期、男性

入院中の患者さんの今後のことで医師に呼ばれ病院で話し合いを行います。

般的にはカンファレンスといいます。カンファレンスでは家族を前に余命宣告を受けます。余命宣告を受けた本人・家族は大きなショックを受け、頭が真っ白になり、どうすればいいのかわからないということもあるでしょう。面談を通じながら病気の原因と治療法を正しく知り、納得のいく今後の選択を行います。カンファレンスの最大のテーマは今後の生活拠点をどうしたいか？　です。本人がどう生きたいのか、家族がどういう最期を迎えてほしいのか、改めて確認し、病院から自宅に戻る決断をされました。

自宅に戻るという決断をしてからは沢山のリスクマネジメントを行います。

対応方法の提案

退院に向けて、帰宅の方法としては介護タクシーや民間救急を使うことがあります。

介護タクシーは、体の不自由な方が外出する際に使える、便利なサービスです。一般タクシーと同じように利用者を目的地まで移送するだけでなく、乗降時には介護資格を保有する運転手による介助行為を受けられます。利用者の要介護度や利用目的によっては、料金の一部に介護保険を適用可能です。

一方で、民間救急は、所轄の消防局が認定した「患者等搬送事業」と呼ばれています。緊急性の少ない方の転院・入退院等の送迎などに移動手段を提供するサービスのことで、依頼者の予約により指定された時間・場所に患者を搬送します。

本事例では検討の結果、介護タクシーを利用しました。

今回の事例では、サービスの種類は訪問診療・訪問薬局・訪問看護・福祉用具貸与を利用することになります。通常ヘルパーさんが行う作業に関しては家族の強い希望もあり、家族が行うことになります。家族にとっても、悔いの残らない形でサービスの選択や提案が必要になります。多くの選択肢の中から、家族が本当に必要となるサービスを選べるようにしていきます。

例えば終末期はほとんどの方がベッド上での生活中心となるため、福祉用具にも細心の注意を払います。ベッドやマットレスの種類も良く検討する必要があります。準備が完了し、いざ自宅に戻ることができると本人や家族はほっとされ、嬉しそうな笑顔となります。入院時のカンファレンスでお会いした表情と帰宅後の表情は打って変わって、明るくなられました。なにかしなきゃと必死な家族は終始本人に声掛けを行うので、ケアマネから妻には声掛けの方法にもアドバイスを行いました。明るくみえる本人でも、精神的に後ろ向きになることもあるでしょうし、寝ている時間も長いことなど理解いただくようにしました。

その後、家族は寝ているときはそっとしておいたり、決まった時間などに声掛けをしてみたり工夫をされます。声掛け1つでも共感的理解のほうが嬉しいものだったりします。また思い出話をしたり、楽しかった記憶を思い出せるような会話を意識してもらいました。辛いときは一緒に泣いてあげたり、楽しいときは笑ってくれた方が案外と気が楽になることもあります。
大切なのは無理に言葉をかけないという選択肢もあるということを家族に伝えました。

家族の温もり

コロナ禍ではあったものの、遠方から家族が来訪されたり、大切な娘からの声掛けがあったり、孫からの手紙が届いたりもされます。またすぐに駆け付けれない人もテレビ電話を使用して頻繁に連絡を取ってくれました。家族写真など思い出に触れる時間も増やすことができました。また医師からは本人の身体状況を考えると退院時の介護タクシーで移動すら厳しいのではないかと言われた方が、２週間自宅で幸せに過ごすことができました。コロナ以降、病院では面会制限が続き、会いたくても会えない人たちが増えているのが現実です。

私は在宅で最期を迎えるということは幸せな選択だとおもいます。好きな物に囲まれ、愛する家族に見守られながらこの世を去るということがどれだけ大きな意味をもつことなのか改めて多くの人に知ってほしいです。そして一人の頑張りではどうにもならないことも、手を取り合うことで大きく改善されることがあります。

今回の事例では、病院のスタッフさんは必至に在宅支援に力を貸していただきました。福祉用具さんは何度も用具の選定を見直し、その度、用具を入れ替えてくださいました。訪問看護さんは毎日の対応だけでなく、急変時など早朝・夜間の対応も行ってくださいました。訪問薬局の薬剤師さんは薬を届けるだけでなく、家族の気持ちに寄り添い傾聴して下さいました。訪問診療の先生は忙しい合間時間をぬって、親切に家族の言葉にならない言葉まで耳を傾けていただきました。そしてなにより家族は初めての介護が終末期の大変な状況にも関わらず、少しでも本人が良くなるように毎日献身的にケアをしてくださいました。

時に死は孤独なものなのかもしれませんが、こんなに多くの方々が支援の手を緩めることなく関わることができ、家族も最期の時間を本人と過ごすことができたと考えると決して一人で旅立ったわけではないのだから、孤独ではないのだろうと考えます。

第５章

疲れを克服した先にあるもの

ここまで技法や事例について紹介させていただきました。多くの困難ケースも捉え方や考え方を変えるだけで、結果は大きく変わってきます。

そこで第5章では選択肢を増やしてできること・視野を広げてできること・時間の使い方を見直してできることについて触れさせていただきたいとおもいます。また選択肢が増え、視野が広がり、時間の使い方を見直した先にあるものについて説明していきたいとおもいます。

選択肢を増やしてできること

選択肢を増やすことで自由になれる

どんな物事においても選択肢をもてるというのは、自由であると感じられることです。選択肢が1つしかないと、それを選ぶしかないわけですが、いくつかの選択肢があれば、その中から選べます。

日常生活においても、今日は何をするのか?誰と会うのか?何を食べるのか？　など常に選択を行い、何気なく、無意識に決定しています。これからの人生を豊かにするのも、しないのもこの選択にかかってくるので、とてもこの一つ一つの選択が重要になってきます。しかし選択肢の少ない人は、今日は何をするのか？という場面でも、仕事だから仕事に行く、学校があるから学校に行くといった具合に選択肢があることを無視するかのように、無意識に決定しています。

仕事の行った先にどんな出会いや面白いことがあるか考えず、仕事が終わった後にはどんな楽しい趣味の時間を過ごすことができるのかなどを考えずに、ただ毎日の仕事に追われます。

学校でも何をするのか？　何をしたいのか？　を検討することなく、ただなんとなく通い、気がつけば1日が終わり、学期末を迎え、いつの間にか卒業していくというもったいない選択をしていくことがあります。ときにこの「選択」が人生を180度変えてしまう大切なことだと多くの人は忘れています。

もしも、日々行っている仕事に楽しみや、やりがいを感じることができるような選択肢があったとしたら、もしも、ただなんとなく通っていた学校生活において、自分のやりたいことを見つけられるような選択肢があったとしたら、多くの人の人生は180度変わったはずです。

介護も同様です。介護保険サービスを利用せずに在宅介護を一人で懸命に行うことも1つの選択ですが、我々在宅支援のプロであるケアマネジャーに相談してみることも1つの選択です。

そして在宅介護には必ず多くの選択肢が存在します。

ともに検討を行いながら、検討した選択肢を自分の意志で選択できる状態を私は自由であると考えます。いま介護を受けられている人も、身内の介護などで奮闘されている人も、現状が苦しかったとしても、その苦しい選択を苦しいまま、耐えるだけの選択をするのではなく自分が自由になるための選択をすることが大切です。

自由になるために必要なものはお金だけではない

私は前述でお話したように施設に入所するのも一つの選択肢ですと述べました。施設入所には大なり小なり費用がかかります。当然のようにお金はあって困る物ではありません。お金さえあれば、裕福な老後を過ごせる、そう考える人が多いのかもしれません。

では、「裕福な老後」とはどういうことでしょうか？　良い所に住んで、良い服を着て、良いものを食べることでしょうか？　あるいは老後もお金を気にせず、高級外車を買ったり、高級腕時計を買ったり、海外旅行へ行くことでしょうか？

価値観はそれぞれに異なりますがどれも自分の欲求をお金で叶えるということです。つまり人は欲求を満たし、幸せになりたいとおもっています。誰もが幸せになりたいとおもい生きてますが、お金があっても、この欲求を満たせないでいる状況は、幸せとは言えません。

本当の意味での裕福な老後とはお金があることではなく、幸せであるということです。それに、私が担当した人の中には、たくさんお金があっても、たくさん高級なものを持っていても、幸せじゃない人はいました。一人での老後に不安を感じている人、心配してくれる家族がいない人、友だちや仲間がいないことで寂しい人もいます。そういった人は一人ではできないことも多く、やりたいとおもうことに制限がかかります。私がケアマネとして多くの高齢者を担当させていただいた経験から、老後の幸せな生活とは「自由」だと感じ、やりたいことを、やりたいときに、やれることができる生活です。

人とのつながりの中に幸せは生まれる

ではどんなときに幸せだと感じられるのかというと、人とのつながりの中に幸せは生まれます。人は社会とつながることで生活が豊かになり、社会は人々とつながることで活気付きます。だからこそ、老若男女関係なく全ての人々が、社会とつながっていくことが大切です。

しかしながら介護は閉鎖的な側面も持ち合わせ、在宅介護では家族だけが介護を抱え込んでしまうこともあります。高齢になると自宅から１歩踏み出すことができない人は大勢います。

そんな時は介護保険サービスだけでなく、家族・友人・地域住民とのつながりも大切になります。

家族、友人とつながる大切な時間をもちましょう

家族行事や冠婚葬祭だけでなく、小さな子どもがいれば子どもと遊ぶ機会をもってもらいたいものです。子どもと一緒に過ごす時間については、重要なのはその質であって長さではありません。子どもといるときにリラックスして幸せを感じているなら、たとえ時間は短くても、双方に良い効果が生まれます。友人とは共通の関心を通してつながり、共通の関心を理由に集まれば楽しい時間をすごすこともできます。気の合う友人を自宅に招いたり、一緒に料理を作って食べたり、趣味のグループに参加したり、様々な場面が想像できます。地域住民とは助け合いを通してつながり、困っている人がいれば助け合い関係性を築いていくことも大切です。人に手を貸すことが自分の人生に大きな利益をもたらすことは、多くの研究結果で明らかになっています。人助けが、自分自身を助けることにもなります。

こうした、関係性を築いたとしても、人間同士ですから、必ずしも衝突がないわけではないので、大事なのは、辛くなったときに頼れる人がいると思えることです。頼れる人がいるとおもえれば孤独な気持ちもなくなるでしょう。

また行動することが大事です。人との交流は行動しないと行えません。行動して会ってみないと、お互いにとってどんな実り多い関係に発展するか、やってみなければわかりません。

視野を広げてできること

視野を広げると幸せになれる

改めて視野が広いとは、物事に対して固定概念を持たずに、多角的に見たり考えたりできることを言います。考え方で代表的な良い例としてはポジティブな思考があげられるでしょう。そもそも物事をネガティブに考えてしまっては、自分の行動や選択に制限をかけることになり、視野が狭くなってしまいます。自分にはできないかもと考えた瞬間からできないことに視野が向いてしまいます。

一方で、「絶対に上手くいく！」と、なんでもプラスに考えられれば選択肢が増えるので、成功するための道筋が見つかりやすいです。自分にはできると考えた瞬間からできることに視野が向きますので、できる可能性があがります。

ポジティブな人は前向きな言動が多く、周囲からも信頼されやすいのが特徴です。また広い視野で物事を考えられる人は、自分が培ってきた豊富な経験や知識を持っています。そのため、みんなができないようなことでも、失敗したら勉強になるし、うまく行ったら大きなチャンスなど、物事を良い方向に捉えられることが特徴です。

そんな人は多角的な視点で物事を考え、考えたことを行動に移す習慣ができているのです。

広い視野を持ちながら行動することで介護現場では人とのコミュニケーションにおいても困らなくなります。時々介護を始めたばかりのヘルパーさんから「ご利用者様と何を話したらいいのかわからない」など相談されることがあります。しかし視野を広げるとアイデアが豊富にあるので、次々と新しい会話が生まれたり、思いついたり、話題の内容も多かったりと、バイタリティがあります。

お勧めなのは隙間時間にニュースサイトなどで、今まで自分の関心のなかったことに興味を持ってみたり、調べてみるだけで、ぐっと会話の引き出しが増えるのでご利用者様との会話が弾みます。対人コミュニケーションにおいても、一つの考えに固執しないので、常に新たな方法や情報を取り入れる姿勢があるので、信頼関係構築しやすいです。コミュニケーション力の向上のメリットはご利用者様だけにとどまらず、職場の上司や同僚や部下とも良好な関係を保ちやすいのが特徴です。

自分の意見を押しつけることなく、他人の意見を広い視野で聞き入れることができるので、上司からは頼みやすい部下になれるし、部下からは頼れる先輩になるのでスムーズに意見のやりとりができます。

幸せになるために必要なものは環境だけではない

ところで皆さんは、何か問題が発生した時にその失敗の原因を、自分以外の環境のせいにしてしまった経験はありませんか？失敗やミスの受け止め方は人によって違うものです。介護を取り巻く環境は常に変化します。在宅と比較すると環境の整っていそうな施設では入居者に変更があったり、介護職員が入退職したり、設備に不備が生じたり、いつも介護に適した環境があるとは限りません。

恥ずかしながら以前まで私は介護現場で失敗をすると「人が足りないのが悪いんだ。こんな人数でできるわけない」など考えることが多くありました。すると失敗しても自分は悪くないと露骨に態度に出し、謙虚な気持ちを忘れ、自己中心的な考え方に陥ったときもあります。しまいには、上司や同僚や仲間からも信頼を失い悪く思われるようになり、次第に笑顔が少なくなっていったのを記憶しています。つまり自分の限界は、環境がつくるのではなく自らが環境のせいにすることでのみつくられます。

私は環境のせいにした結果、こんなところ抜け出してやると転職し環境を思い切って変えた先では自分の考え方の甘さに気がつきます。

幸せになるために自分を変える

私は転職後、居宅介護支援事業所で働くことになりました。

そこでは、ケアマネとして多くの先輩が広い視野を持ちながら業務に取り組み、知識や経験を武器に沢山の困難ケースをこなしていく姿を目撃しました。片や私は参考書を読み、テストに合格した程度で、探求心や向上心が低く、このままではいけないなとすぐに自覚しました。

そこで視野を広げるために自分の知らない分野に興味を持つようにします。同じような福祉の分野の知識を向上させるだけでなく今までとは違う分野についても探求することで、知識の幅が広がり、新たな視野で物事を見ることができるようになります。例えば、福祉のことばかり興味を持っていましたが、新聞を読んだり、経済や経営についても勉強してみると、ご利用者様との会話のバリエーションが増えます。新たなアイデアが生まれたり、こちらの提案を気持ちよく受けてくれることもあります。

また普段かかわらない人とも積極的に会話をするように意識します。視野を広げるには、普段仕事や私生活であまり関わる機会がないような人とも積極的に会話をすることで新しい発見が生まれます。具体的には、別業種の仕事に取り組む人たちと、会話や交流することで価値観を広げることができます。会話や交流をすることで知らなかった知識を得ることができるので積極的にかかわるように行動することが大事です。

それ以外では、業務中でも、いつもとは違う道を通ってみたり、休みの日にジョギングしてみたりします。毎日同じようにみている景色も業務から離れてみるといろいろな発見があります。

いつもとは違う道を通ってみるというだけの単純な作業でも新鮮な刺激を受けやすいので、視野を広げる良い機会となります。違う道を通ることで少し遠回りになってしまったとしても、遠回りした5分は別のなにかを知った5分になるので、無駄ではなかったり、素敵なお店を見つけたり、新たな出会いが訪れる可能性もあります。どんなことでも「知りたい」という気持ちを大切にすると、世界観が広がります。

「知りたい」という気持ちは視野を広げるための第1歩となります。すると環境のせいにしながら不平不満をいっていた自分が、楽観的に物事を考えられ視野の広い自分に成長することができたのです。ご利用者様や家族からも笑顔を褒められるとついつい嬉しくなってしまうものです。

時間の使い方を見直してできること

時間の使い方を見直すことで自分時間ができる

3章でも触れた内容ですが、タイムマネジメントとは時間の管理を行い、業務効率や生産性向上を図っていくことです。効率を図ることでワークライフバランスの質を高めることができます。仕事に没頭する仕事人間の人もいるでしょうが、充実したといえる生活を送るためにはこのワークライフバランスが重要になってきます。

ワークライフバランスの質を高めるためには仕事とプライベートの両立を図る必要がありま す。両立がうまくいくと仕事に追われてプライベートを犠牲にしなければならない状況がなくなり、さまざまな生き方ができるようになります。仕事やプライベートのどちらかを諦める必要はなく、仕事をしながら夢を追い続けることも可能になるかもしれません。

例えば介護では親の介護を理由に仕事を諦めたり、プライベートの時間を犠牲にされる人もいます。仕事では親の介護を理由に出勤できなかったり、早退したりすることで、同僚をはじめ社内での立場も難しくなるという方もいます。また親の介護でプライベートの時間を犠牲にし、自分自身の好きな時間を犠牲にする方もいます。見に行きたいライブがあっても親の介護で見に行けなかったり、野球が好きな人では野球観戦や草野球に参加できない人もいます。外食や旅行などもう何年もいっていない人は大勢います。

そこで時間の使い方を見直し、効率化を図った先にある自分時間を大切にすることが重要です。自分時間を大切にできない人の多くは、やらなきゃいけないことが目の前に山積みなのは認識しつつも、やらないというのが特徴的です。

例えば、ついつい朝スマホをダラダラとみて過ごしたり、隙間時間にスマホゲームや動画をみたりして、気がついたらやらなきゃいけないことに結局追い込まれバタバタしてしまうなんてことはありませんか?

誰もが決められた24時間の中で生きているので有意義に過ごしたいですよね。そのためには自分時間を大切にする必要があります。自分時間を大切にできる人は時間の使い方が上手なので有意義に過ごすことができます。

時間の使い方が上手ということは、効率的に時間を使い、できるだけ無駄を省くことができます。

自分時間を増やすために必要なものは効率化だけではない

では、自分時間を増やすために必要なものはなんでしょうか？

時間を増やすためには効率を良くして、仕事や生活をするほうが良いと考える人もいるでしょう。先に伝えておきますが効率を良くすることは決して悪いことではありません。しかし効率化を図るだけでは、どうしても限界があるため、効果性を考えながら取り組む必要があります。「効果」と言うと、一般に「薬の効果」など〝ききめ〟といった意味あいを持たれるとおもいます。しかし、ここでの「効果性」とは「得たい成果を得続けている状態」のことを指します。ずっとききめがある状態のことです。

「時間の使い方」が上手な人はこの自分時間を増やすための成果を得続けています。そもそも効率をよくすることは大切なことですが、効率をよくしても効果が生まれなければ意味がありません。例えば、施設など介護現場でも作業の効率化が図れたとします。少人数で日々の業務をこなすことができたり、入浴介助が行えたり、散歩などの運動を行えたとします。

効果の側面でみたときに、ご利用者様側の満足度が得られなかったり、お風呂に入ることができても時間に追われゆっくり快適に入浴することができなかたり、運動しても助言する人やトレーニングそのものの頑張りを認めてくれる人がいなかったりすると効果が少ない・あるいは低いとされます。

つまり効率性を上げるだけでなく、効果性を意識することはとても重要になります。

自分時間が増えることで幸せになれる

効率性と効果性を意識し、時間の使い方がうまくなることで、作業がスムーズにいくだけでなく満足度も高まるので仕事がはかどり、家事がうまくいくなど生活面でもメリットが沢山生まれます。メリットは沢山ありますが、代表的な得られるメリットとして“自分時間”が増えることがあげられます。有効に時間を使えるため、やりたいことに充てられる時間を上手に捻出することができます。その捻出した時間でさまざまな経験ができるのです。親の介護を言い訳にすることなく音楽が好きな人はライブにもいけ、野球が好きな人は野球観戦や草野球に参加できます。外食や旅行にもいくこともできます。

やってみたかったことを我慢することなく、行えたり、挑戦したり、充実した生活を過ごすことができるでしょう。また自分時間が増えることで、やるべきこととやりたいこと、どちらにも時間を割くことができるので、自分で人生の限りある時間を選択できます。

やるべきことがしっかりと行えていると精神的にも余裕が持てたり、やりたいことがやれると、充実感が増えます。先ほどもあげたように私は介護現場で働いているときに、うまくいかないことは環境や誰かのせいにしてしまうことがありました。

原因は、時間がなく、心に余裕がもてなかったことにあるとおもいます。自分時間が増えると、心に余裕がもて、自然と人にも優しくなれます。私は自分時間が増えた先にその時間を大切な誰かのために使えることが大事だとおもいます。人の幸せをおもって行動するということは、結局人が喜んでいる姿をみて自分自身が１番幸せを感じます。

つまり自分の時間が増えた先にあるものは自分だけの幸せではなく、大切な人を幸せにすることができます。

大切な人を幸せにすることができると、疲れずに介護が行え、素敵なケアの実現が行えます。

幸せな福祉

福祉業界の変化

ところで、福祉業界はここ数年で大きく変化しました。特にコロナ以降の変化は大きく、福祉業界も大きく変わりました。エッセンシャルワーカーという言葉も頻繁に使われるようになり、介護職もエッセンシャルワーカーとして活躍を続けています。

介護といえば一昔前は3K（きつい、汚い、給料が安い）と呼ばれてきました。そこで3Kと呼ばれた時代からの変化について触れていきたいとおもいます。普段介護ってどんなイメージですかと聞くと、大抵の人は悪いイメージが先行し、『おむつの交換、身の回りのお世話、お風呂の手伝い』などの日常生活のサポートをする事だけが介護のお仕事と思っている方が多いかと思います。しかし介護職は介護が必要な方に対して、その人らしい生き方ができるように支援をしていきます。

一人一人違った生き方やこだわりを理解し、困りごとが解決できるように支援をすることで、笑顔で過ごす時間が増えるように支援することも介護のお仕事の1つです。

具体的な3Kの変化

「きつい」

働き方としては介護業界でもケアマネジャーをはじめ、リモートワークも増え、勤務先に出勤しなくても自宅からのやりとりができる会社も増えてます。また訪問介護などでは経過記録が簡素化されていたり、スマホやタブレットでのやりとりが行われることもあります。

医療機関とも連携を図りやすくなり、電話だけでなく、ＩＣＴツールを活用しながらコミュニケーションがとれるようになりました。医師や看護師とも連携が図りやすいのが特徴です。

施設では安否確認がこまめに行われていましたが、頻回な入室が利用者の不快だけでなく、職員の疲労にもつながるため問題になってきました。そこで１部の施設ではベッドセンサー等の活用により、転倒・転落防止アラートや生体情報、介護記録システムやナースコールと連携させることで、安否確認を可能としている施設もあります。体動や心拍数など、入室しなくても把握できるようになり、夜間帯などの巡回・巡視が減りました。

「汚い」

おむつ交換などのイメージが強い介護ですが、必ずしもおむつ交換に携わるとは限りません。訪問介護では排泄物を処理する業務が苦手な方は、家事支援を中心に働く人もいます。またおむつそのものの機能も向上し、昔に比べると漏れたり、あふれたりしなくなったので、介護職の手間は大きく変わりました。施設でも休憩室のないようなところもありましたが、新規で開拓される施設は休憩室がきれいであったり、職場そのものがきれいであったりするので働きやすい環境に変化したと言えるでしょう。

給料が安い

給料が安いに関しては、国による特別処遇改善加算や、介護報酬改正によって、少しずつではありますが介護業界全体としての処遇は改善傾向にあります。処遇改善されると人手不足解消につながるので、先ほど上げた、人手不足によるきつい状況も改善されます。

また私の実体験としては、職種別の差別を受ける事があります。ヘルパーをしていると低賃金を理由に馬鹿にされたり、言われていることだけをやっていればいい、資格のない人は黙ってなんてことを言われることも多々あります。処遇が見直されることによって、そういった差別的な発言をする人が減ったようにおもいます。

このことから、自分自身の捉え方、考え方によって介護という仕事はとても充実できる仕事で明るく将来性のあるお仕事ではないでしょうか。

疲れないための介護は存在する

このように福祉業界は大きく変わりました。業界が変わるように人は常に考え変わり続けていく必要があります。なにをするにも一昔前まで大変なのは当たり前、疲れるのが当たり前、辛いのが当たり前など、根性で乗り切った先にあるものを信じて、努力を続けました。根性で乗り切ることはもしかしたら人生において大切なことかもしれないですし、継続するには根性が必要であったりします。

しかし多くの介護疲れを感じている人は、その日その日が限界であり、明日以降も持続的に介護を行える状態にありません。根性ではどうにもならない状態です。

そこで先ほど説明したように選択肢を増やしてできること・視野を広げてできること・時間の使い方を見直してできることこそが〝あなたの介護疲れ〟を解消します。

他人が変わるのを待つのではなく、自分自身を少し変えてみるだけで、疲れない方法を身につけることができます。それに疲れていると見えなかったものが、疲れから解消されるともののすごい変化でみえるようになります。視野が狭く、1つの方向から物事をみるのではなく、視野を広く、多角的に物事を捉えられるようにすると多くの選択肢がみつかります。また時間の活用方法を見直すことで自分時間が増え、自分のことを大切にでき、周りの大切な人を本当の意味で大切にできます。介護で忙しいを言い訳に、大切な人との時間を犠牲にしてないでしょうか?

長年帰省していなかったり、家族行事に出ていなかったり、お墓参りに行けていなかったり、子どもと遊んでいなかったり、友人や仲間と過ごす時間を犠牲にしているかたもいます。人それぞれ大切な時間の過ごし方は違いますが、時間の使い方を見直すだけでこれらは確実にできるようになります。

人にしかできないこと

AIや介護ロボットが進化を続ける一方で、日本は生産年齢人口が減少し、介護の担い手不足が深刻となります。しかしAIや介護ロボットがすべての介護業務を担えるかと言えば、そうとは言い切れません。なぜなら人には人の、介護ロボットには介護ロボットの、AIにはAIの良さがあるからです。

介護ロボットについて

近年介護ロボットは進化し続け、種類や価格帯にも変化が生まれ、介護施設でも活用実績が増えています。介護者の身体的・精神的負担の軽減が大きなメリットです。

例えば介護施設においては移乗や移動動作においても介護者の身体的苦痛を軽減させ、同時に精神的な負担も軽くできます。要介護者にとっても、ロボットが相手であれば気を遣わずに利用できるためメリットがあると言えるでしょう。しかし要介護者の状態や気持ちは日々変化します。朝起きるときでも誰にだって今日はもうちょっとゆっくり寝ていたいと考える日はありますす。そのようなちょっとしたしぐさから変化を察して柔軟に対応することは、介護ロボットにはほとんどできません。

人間同士の信頼関係も、質の高い介護の提供をするためには重要です。

AIについて

ケアマネジャーにおいて

介護支援専門員による質の高いケアマネジメントが利用者に提供されることが欠かせません。そのために介護支援専門員は自助努力を続け、日々新しい情報の吸収に努めてきました。

一方、AIで作成したケアプランは膨大なデータをもとに最適解と思われるものを導き出すかもしれません。経験年数によって差が出てしまう人によるケアマネジメントを考えればAIで導き出し、ミスや差がないことが良いのではと考える人も多いのではないかとおもいます。しかし、AIでは人の気持ちを読みとりにくく、マニュアルに近い形でのケアプラン提供となります。

ケアマネジメントは心に寄り添い、人にしかできない優しい気持ちが必要になります。

私は先ほども常に考え変わり続ける必要があると説明したように、AIそのものを否定しているわけではありません。AIとケアマネジャーは必ず共存できます。人にしかできない部分をケアマネジャーが行い、AIにできることはAIが行えば良いと考えます。それに共存できるだけでなく、うまくいけばAIがケアマネジャーの味方となり、複雑でできなかったことができるようになる可能性があります。考え方を変え柔軟に対応していくことも人にしかできないことではないでしょうか。

介護ロボットやAIだけでなく、これからも新しいなにか人のためになるものは必ず生まれてきます。新しく生まれてくるものを敵だと勘違いし、遠ざけるよりも心強い味方になるように考えるほうが賢い選択ではないでしょうか。そう考えればケアマネジメントはAIに変わるのではなく、AIを活用しながら人にしかできないことをケアマネジャーが行えば良いので現役のケアマネジャーも、これからケアマネジャーになろうかと考えている人にとってもよりやりがいのある仕事になっていくのではないでしょうか。

介護に携わる人にできること

私は多くの困っている人を救いたい、助けたい、そんなおもいで仕事を続けています。その中で自慢したくなるくらい素敵な高齢者の方々と出会いました。数多くの出会いの経験から、自分が何を目的に生きているか、何を達成して一生涯を終えたいのかが重要であることに気がつきました。もっと時間が欲しいとおもっても、その時間を何に使うのか、使って何を達成したいのかを多くの高齢者と話しをすることで気がつかせていただいてます。忙しい介護現場でも、介護で忙しいご家庭でも、見方や考え方を変え、時間を有効に活用することで得られるものがたくさんあります。

つまり介護に携わる人がこのことを実践できると、自分だけの介護疲れを解消するのではなく、周りの人たちの介護疲れを解消することができます。介護に携わる人は、大勢の困っている人を救うことができるし、助けることができるはずです。介護に携わる一人一人の努力によって、幸せになっている人は必ずいます。幸せになっている人の姿をみることができると自分も幸せになれます。

自分の歩んできた人生を振り返る日が来た時に、多くの人を幸せにしてきた実績はかけがえのないものになるでしょう。

本書が一人でも多くの人の疲れないための介護に繋がり、大切にされている人たちを幸せにするきっかけになっていただけたら幸いです。

あとがき

私は〝人の役に立ちたい〟というおもいから22歳で介護の仕事につきました。

そこで待ち受けていたのは過酷な現場・勤務体系による、疲れとの闘いの毎日です。そんな闘いの日々を思い返しながら、一人でも多くの人の介護疲れ解消に繋がればとおもい本書を書かせていただきました。

私は仕事を通じて、疲れない方法や、介護のやりがいを学ぶことができ、ケアマネジャーとなったことで、さらに多くの関係者・職種の人とも出会うことができたのです。そんな素敵な出会いがあったからこそ、過酷な現場でも仕事を続けてこられたのではないかとおもいます。

出会いから多くのことを学び、本書制作のきっかけにもなりました。

介護疲れを克服した先にあるものを一人でも多くの人が知り、本書が新たな幸せの第一歩への1役を担うことを願っています。私自身、これからも疲れない介護を続け、たくさんの素敵な出会いに恵まれるように精進していきたいとおもいます。

また、本書執筆の機会をくださった、日本橋出版の大島様に心から感謝いたします。そして、関わってくださった、全ての方、応援してくださった大勢の方に感謝の気持ちでいっぱいです。

疲れないための介護を一人一人が実現し、笑顔で幸せな生活ができることを心より願っています。

本書を最後までお読みいただきありがとうございました。

２０２３年４月吉日　鈴木篤史

鈴木篤史（すずき・あつし）

１９８７年東京都港区生まれ。

幼少期の福祉との関わりから福祉業界へ興味を持ち22歳で介護業界へ進む。様々な介護職経験を活かしマネジメント職に移行。

現在は日本を代表する総合福祉企業にエリアマネジャーとして勤務しながら、介護資格だけでなくコーチングスキルやFP資格等を習得。

「人はいくつからでも変われる」をコンセプトに人財育成に尽力し、人の成長の可能性を支援している。

様々な現場の声を聞き、疲れないための介護を全国に展開中。

疲れないための介護
制度を知り、疲れないコツを知ることで家族みんなが笑顔で暮らすために

2023年4月6日　　第1刷発行

著　者——— 鈴木篤史
発　行——— 日本橋出版
〒103-0023　東京都中央区日本橋本町2-3-15
https://nihonbashi-pub.co.jp/
電話／03-6273-2638
発　売——— 星雲社（共同出版社・流通責任出版社）
〒112-0005　東京都文京区水道1-3-30
電話／03-3868-3275
印　刷——— モリモト印刷

ISBN 978-4-434-31547-3